U0505182

当代经济学系列丛书
Contemporary Economics Series

陈昕 主编

当代经济学译库

Michal Kalecki

Selected Essays on the Economic Growth
of the Socialist and the Mixed Economy

社会主义经济增长理论导论

〔波〕米哈尔·卡莱斯基 著　符钢战 译

格 致 出 版 社
上 海 三 联 书 店
上 海 人 民 出 版 社

主编的话

上世纪 80 年代，为了全面地、系统地反映当代经济学的全貌及其进程，总结与挖掘当代经济学已有的和潜在的成果，展示当代经济学新的发展方向，我们决定出版"当代经济学系列丛书"。

"当代经济学系列丛书"是大型的、高层次的、综合性的经济学术理论丛书。它包括三个子系列：（1）当代经济学文库；（2）当代经济学译库；（3）当代经济学教学参考书系。本丛书在学科领域方面，不仅着眼于各传统经济学科的新成果，更注重经济学前沿学科、边缘学科和综合学科的新成就；在选题的采择上，广泛联系海内外学者，努力开掘学术功力深厚、思想新颖独到、作品水平拔尖的著作。"文库"力求达到中国经济学界当前的最高水平；"译库"翻译当代经济学的名人名著；"教学参考书系"主要出版国内外著名高等院校最新的经济学通用教材。

20 多年过去了，本丛书先后出版了 200 多种著作，在很大程度上推动了中国经济学的现代化和国际标准化。这主要体现在两个方面：一是从研究范围、研究内容、研究方法、分析技术等方面完成了中国经济学从传统向现代的转轨；二是培养了整整一代青年经济学人，如今他们大都成长为中国第一线的经济学

1

家，活跃在国内外的学术舞台上。

为了进一步推动中国经济学的发展，我们将继续引进翻译出版国际上经济学的最新研究成果，加强中国经济学家与世界各国经济学家之间的交流；同时，我们更鼓励中国经济学家创建自己的理论体系，在自主的理论框架内消化和吸收世界上最优秀的理论成果，并把它放到中国经济改革发展的实践中进行筛选和检验，进而寻找属于中国的又面向未来世界的经济制度和经济理论，使中国经济学真正立足于世界经济学之林。

我们渴望经济学家支持我们的追求；我们和经济学家一起瞻望中国经济学的未来。

2014 年 1 月 1 日

译者序

　　1969 年复活节期间，卡莱斯基以丘吉尔学院外国会员的身份访问了剑桥大学。他在剑桥作了一篇题为"不同经济制度下的经济增长理论"的演讲。他的精辟分析给当时挤满了礼堂的剑桥师生留下了难忘的印象。一年后，卡莱斯基不幸病逝。在这位经济学巨匠逝世后，当人们回头评价他饱经沧桑的一生及其经济学成就时，发现这篇在剑桥的演讲恰如其分地概括了他在经济学中探索的全部领域及其成就。可以毫不夸张地说，卡莱斯基是当代资本主义经济动态理论、社会主义经济增长理论和发展经济学这三个领域的最早开拓者之一。

　　卡莱斯基著述颇多，研究面甚广，他的主要代表作有：《经济波动理论文集》（1939 年）、《动态经济学研究》（1943 年）、《经济动态理论：论资本主义经济周期变动和长期变动》（1954 年）、《社会主义经济增长理论导论》（1969 年）、《资本主义转变的最后阶段》（1972年）、《社会主义和混合经济的经济增长文选》（1972年）、《资本主义经济动态学文选》（1971 年）、《论发展中经济》（1976 年）等等。

　　卡莱斯基在当代经济学中享有很高的学术地位，但他的名字和思想在我国还鲜为人知，他的著作还没

1

有一本被译成中文，这不能不说是一种缺憾。这里，我要向中国读者奉献卡莱斯基著作的第一个中译本——《社会主义经济增长理论导论》。我感到，在评价这本书之前，应当使我国读者先了解卡莱斯基本人和他的思想发展轨迹。

一

米哈尔·卡莱斯基系犹太血统的波兰人，1899 年生于波兰罗兹，父亲是一个小纺纱厂厂主。1911 年父亲破产后，他靠自己做零工挣得的一部分收入贴补整个中学和大学的费用。1917 年他进入华沙工业大学学习土木工程学，1918 年至 1921 年卡莱斯基因服兵役而中断学业。退伍后，卡莱斯基又进入格旦斯克工业大学继续学习他原来的专业。1924 年父亲失业使家境恶化，卡莱斯基只好中止学业，谋求职业。他辍学后的第一个职业是在一家银行咨询公司供职，调查中小企业的借款偿还能力。这一工作使卡莱斯基有机会接触大量社会经济问题，并引导他走上经济学研究道路。后来他成了一名经济专栏作家。1929 年底，卡莱斯基以其优秀的论文进入华沙的商业循环与价格研究所，正式开始了他毕生的经济学家的生涯。

卡莱斯基在大学里从杜冈—巴拉诺夫斯基教科书那里接受了马克思经济学的启蒙教育。19 世纪 30 年代初，他根据马克思、杜冈和卢森堡的研究提供的线索，试图寻找决定资本主义经济周期波动和长期发展的基本力量和运行机制，发表了一篇包含凯恩斯《就业、利息和货币通论》（以下简称"《通论》"）基本思想和主要论点的论文。在这篇《商业循环理论大纲》（1933年）的论文中，卡莱斯基提出了资本主义商业循环和有效需求理论。这些理论在他 1934 年和 1935 年的两篇论文中得到了进一步的发展。由于有效需求依存于国民收入分配，卡莱斯基研究了国民收入分配问题，提出了国民收入在工人和资本家之间分配份额决定的理论（1938 年）。这一理论连同他的有效需求理论和商业循环理论收于他的《经济波动理论文集》（1939 年）中。由于国民收入分配对价格的依赖关系，卡莱斯基又深入研究了价格决定问题，提出了"垄断定价"理论。这一新进展同他整个理论的关系体现在他的《动态经济学研究》（1943 年）一书中。后来，卡莱斯基在《充分就业的政治因素》（1943 年）的论文中，把政治因素引进对资本主义经济周期的分析，提出了著名的"政治周期论"。1954 年，卡莱斯基以一种严谨的结构，把上述研究成果收进了他的《经济动态理论》著作,并在其中补充了他对资本主义长期发展理论的研究,从而最终完整地形成了他的资本主义经济动态理论。

卡莱斯基整个理论,包括微观和宏观两部分。[1]微观部分包括垄断定价理论和收入分配理论;宏观部分涉及有效需求理论、商业循环理论和长期发展理论。其中,垄断程度和投资引诱是他的微观和宏观理论的两个逻辑支点;技术进步则是这两个支点联系的纽带,因为技术进步影响垄断程度和投资引诱。卡莱斯基理论有两大贡献:(1)以垄断程度理论为基础,揭示了垄断资本主义条件下阶级对抗的新形式,以及这种对抗对垄断价格、国民收入分配、有效需求和资本主义政治周期的决定和影响;(2)以资本积累理论为基础,阐述了资本主义国民收入和利润决定以及经济周期的原因,并通过技术进步的环节,揭示了资本主义发展的长期趋势。卡莱斯基的理论虽然不能同马克思的剩余价值理论和资本积累理论相提并论,但是它确实提供了对当代资本主义经济运行规律的新解释。可以断论,卡莱斯基理论是马克思主义经济学在当代的新发展。

卡莱斯基理论对西方经济学也产生了深刻的影响。由于他比凯恩斯早三年发表了与《通论》相似的理论[2],所以,有人把他的理论看作是"凯恩斯革命"的一个组成部分,并把凯恩斯和卡莱斯基称为经济学中的"牛顿—莱布尼兹"。事实上,就理论的外延说,卡莱斯基的理论比凯恩斯宽广得多,前者不仅包括后者有贡献的有效需求理论和商业循环理论,而且还包括后者未涉及的价格理论和收入分配理论。克莱因明确指出卡莱斯基理论在许多方面超过了凯恩斯[3],而琼·罗宾逊夫人则认为卡莱斯基的理论是《通论》的"通论"[4]。正因为此,卡莱斯基成了后凯恩斯主义者的启蒙者。因为,凯恩斯主义者对现有的凯恩斯宏观经济学感到不满,他们一直在竭力寻找一个解决就业、价格、收入分配、积累和增长等问题的完整的、逻辑一贯的理论体系,而卡莱斯基正是提供了这样一种完备的体系。克莱因曾经说过,卡莱斯基"对我们时代的经济学具有经久不衰的影响",这一评价并不过分。

二

1936 年至 1945 年底,卡莱斯基曾先后在英国剑桥大学和牛津大学从事教学与研究工作,并在加拿大蒙特利尔的国际劳工局工作。1946 年他任波兰中央计划局顾问和法国财政部顾问,1946年底去美国,任联合国经济署经济稳定与发展局副局长,领导该局的经济稳定处工作,负责撰写当年的世界经济报告。通过对东欧经济发展状况的考察,卡莱斯基产生了研究社会主义经济增长问题的灵感。1954年12月,卡莱斯基辞去了持续8年的联合国工作,返回祖国,投身于波兰的社会主义建设事业。

回波兰后,卡莱斯基于1956年获波兰中央资格委员会授予的教授职称,1957年任波兰国家经委副主席、波兰远景规划委员会主席。1960年以后,因政府方面的原因,卡莱斯基辞去了在波兰政府中的一切职务,回到波兰中央计划统计学院从事科研与教学工作,直至1970年4月病逝。

卡莱斯基十分关心社会主义宏观经济运行问题,发表了许多开创性的论文。这些论文包含的思想,不仅为他以后形成完整的社会主义经济增长理论奠定了基础,而且也为他在1957年主持制定波兰15年长远发展计划(1961—1975)提供了方法论的依据。这一长远计划的制定过程,既使卡莱斯基的理论付诸实践,同时又使他的理论得到检验与修正。1958年,规划形成后,卡莱斯基对远景规划的制定方法作了理论概括。1962年,卡莱斯基在波兰中央计划统计学院讲授经济计划高级课程时,完成了教材《经济增长简论》的编写;1963年出版了《社会主义经济增长大纲》,由此建立了他的社会主义经济增长理论体系的基本结构。该书于1965年译成日文,在日本出版。在这本书基础上,卡莱斯基于1967年以教材形式编写了《社会主义经济增长理论导论》,1969年正式出版英文版。1972年,在卡莱斯基逝世后的第二年,英国剑桥大学出版社根据他生前的遗愿,把这本书和他发表的有关社会主义经济的论文组合成篇,出版了《社会主义和混合经济的经济增长文选》一书。

卡莱斯基社会主义经济增长理论的核心,是增长率和投资率的决定。这一理论的产生基于对下列事实的观察:所有社会主义国家在经济的长期发展过程中,经济存在着投资膨胀的倾向,这种倾向是导致社会主义国家一直难以处理的消费与积累矛盾的根源,也是波兰1956、1970、1976和1980年工人罢工等一系列社会动荡的主要诱因之一。这一矛盾的因果性,以及为避免冲突而理智地选择增长率和积累率,就成为卡莱斯基社会主义经济增长理论研究的现实出发点。

三

下面,我们从五个方面简单地介绍卡莱斯基的社会主义经济增长理论。

1. 社会主义经济增长的决定

社会主义经济增长决定的分析,以社会主义国民收入核算与经济增长模型为基础,这是卡莱斯基社会主义经济增长理论的出发点。卡莱斯基把国民收入的最终支出方向划分为:生产性固定资本投资、存货增加、非生产性固定资本投资、个人消费、集体消费、进出口差额。前两项之和为投资,第三、四、五项之和为消费,如果进出口平衡,国民收入等于消费加投资。对于既定的国民收入,消费和投资互为反比例变化。这一等式蕴含了卡莱斯基经济增长理论所关心的主要问题,即消费和积累的矛盾。

卡莱斯基认为,社会主义经济增长主要决定于三个因素。第一,投资的生产效应。即对于一定的投资系数 $m = \dfrac{I'}{\Delta Y}$,因生产性固定资本投资引起的国民收入增加为 $\Delta Y = \dfrac{1}{m} \cdot I'$。第二,设备损耗的负效应。即设备报废引起生产能力缩减,使得国民收入负增加,$\Delta Y = aY$。其中,a 是折旧参数,表示国民收入减量占国民收入的一个固定比例。第三,改善设备利用程度的效应。即不增加投资,因改善现有生产能力利用率而引起的国民收入增加,$\Delta Y = uY$。其中 u 是现有生产能力利用程度的改进系数。据此,年国民收入总增量为:

$$\Delta Y = \frac{1}{m}I' - aY + uY$$

等式两边同时乘以 $\dfrac{1}{Y}$,得到:

$$r = \frac{1}{m}i' - a + u \tag{1}$$

这里 $i' = \dfrac{I'}{Y}$,是生产性固定资本投资率。引进存货增加,得到一般投资率 i,从而形成了卡莱斯基的一般增长模型:

$$r = \frac{1}{k}i - \frac{m}{k}(a - u) \tag{2}$$

这里，k 是包括存货增加在内的一般的投资系数。

上述增长模型表明：决定社会主义经济增长的主要因素是：投资率(i)、投资产出系数(k)、生产性固定资本投资系数(m)、折旧系数(a)和改进系数(u)。这些因素显示了社会主义经济增长的几条基本途径。以上诸因素是决定社会主义经济增长的内生变量，它们共同决定社会主义国家的实际增长率。卡莱斯基认为，社会主义经济增长率存在一个由外生变量规定的最高限，即自然增长率，它决定于劳动生产率增长率和劳动人口的自然增长率；并指出，投资率和其他内生变量决定的实际增长率，不可能突破技术进步和人口自然增长所规定的界限。实际增长率达到自然增长率水平，表示技术进步的好处、自然增长的劳动人口得到充分利用。事实上，社会在达到增长的自然界限之前，就会遇到种种限制。

2. 社会主义经济增长的限制因素

卡莱斯基认为，社会主义经济增长的限制主要来自三个方面。

首先，是积累与消费的矛盾。在一个不太长的时期内，增长模型中的参数 k、m、a、u 都是相对稳定的，经济增长速度主要决定于投资率。由于投资率与消费率成反比，高增长率相应以低消费率为代价。卡莱斯基指出，投资率的提高具有两重性：一是决定长期增长率的提高，二是导致短期消费率的下降。这就是积累与消费矛盾内含的长期利益与短期利益的冲突。卡莱斯基巧妙地利用了投资率变动的二重结果，即长期与短期利益的平衡关系，形成了适度增长率和积累率决定的基础。他的基本思路是：设投资率增加一个单位引起的国民收入增量为长期利益，同时导致的短期消费率下降增量为短期损失，适度的增长率和积累率，决定于长期增长利益与短期消费损失之间的平衡。卡莱斯基的平衡公式显示：投资率变动率引起增长率变动多寡，由投资产出系数(k)即技术关系给出：投资率提高尽管导致同量的消费率下降，但是消费减少而引起的消费者感到的损失程度更大。消费下降导致的消费损失程度的放大系数，卡莱斯基称"抵制"系数(w)，该系数测量人们因削减短期消费而遭到的损失程度，同时反映人们反对削减短期消费的强度。

根据投资率变动结果的二重性，卡莱斯基描述了两条曲线：反映投资率与增长率之间关系的长期增长利益曲线,以及反映投资率与消费率之间关系的短期消费损失曲线。前者由技术关系决定,后者以消费者心理反应为基础。这种心理反应是政府决策的基础,故卡莱斯基称后者为"政府决策曲线"。卡莱斯基认为,投资率变动带来的长期增长利益恰好弥补短期消费损失,即两条曲线的交点,决定了社会主义适度的增长率和积累率。如果投资率变动带来的长期增长利益小于短期消费为之付出的代价,这种增长率和积累率决策是不适宜的,而且是不现实的。降低目标的增长率和积累率,反而有助于实际增长率的提高。

卡莱斯基认为,以消费者心理反应为基础的"政府决策曲线",不仅受积累率变动的影响,而且还受积累率变动方式的影响。如果在一定时期内,积累率急剧增加,相应的消费率急剧下降,"抵制"系数比积累率缓慢增加更大。由此表明,短期消费损失程度增强,人们对投资率提高的抵制强度增加。这时,社会所能容许的适度积累率和增长率界限缩小。卡莱斯基通过模型分析深刻地指出:工资不涨即人们忍受低消费率的时间长度与劳动生产率成反比。如果提高增长率所需要的消费节制以上述方式进行,工资不涨的时期越长,对提高投资率的抵制越强烈,即对于给定投资率的抵制系数越大,从而劳动生产率越低。

社会主义经济增长的第二个限制因素是劳动力供给状况。在苏联和东欧地区,劳动力供求矛盾突出,劳动力资源相对增长的需要而显得不足。卡莱斯基认为,劳动力需求是经济增长率的递增函数,当增长率达到一定水平后,劳动力需求超过劳动力供给,劳动力资源储备耗竭。这种情况不仅可能引起投资替代劳动,导致投资率提高,而且会通过影响政府决策曲线,直接降低适度增长率和相应的积累率。

国际贸易状况是社会主义经济增长的第三个限制因素。卡莱斯基认为,一个社会的高增长率,要求各部门必须有相应的高增长率。由于一定时期内,社会产业结构及其技术状况是既定的,各部门产出增长率提高需要更多的要素投入量。因此,要素生产部门产出必须有超速的增长。但是,由于自然资源的稀缺,随着增长率提高,要素部门的产出常会出现瓶颈,从而限制整个社会经济增长。他指出,增长过程中的瓶颈,导致进口需求增加。增长率提高,瓶颈越厉害,进口需求越大,为取得进口所需的外汇从而出口也必须越大;但是,出口扩大会遇到出口生产能力和国外市场需求的双重限制。卡莱斯基认为,克服双重限制的途径,包含了提高积累率和降低消费率的巨大代价。首先,国内自己生产一些进口替代品的方法,虽能缓和部分进口需求与进口支付能力的矛盾,但需要较高的劳动和投资支出。其次,降低汇率或通过政府补贴直接降低出口产品价格,以扩大出口。这种方法以贸易条件恶化为代价。它表示,对于同样进口量,现在需要更多的出口品才能换到;或者说,同样的出口品,现在只能换到较少的进口货物。很显然,国际贸易状况恶化,限制了社会可能选择的增长率。

3. 社会主义经济增长的途径

卡莱斯基认为,面临上述种种限制,加快社会主义经济增长的根本出路,在于促进技术进步。技术进步可以提高劳动生产率增长率,从而提高国民收入增长率。他指出,技术进步的基本途径是:(1)提高资本集约化程度,即提高生产性固定资本投资系数(m);(2)缩短设备生命周期,加速折旧与更新,即提高折旧系数(a);(3)改善现有生产能力利用率,即提高改进系数(u)。

技术进步,即新技术代替旧技术,体现为旧技术设备变换为新技术设备。这常常伴随着资本集约化程度的提高,并带来劳动生产率增长以及这种增长比率的变化。根据技术进步在资本集约化程度提高时对生产率增长率的不同影响,卡莱斯基把技术进步分为三类:(1)技术进步伴随着资本集约化程度提高,导致劳动生产率增加,同时增长率提高,这种技术进步是"鼓励资本集约的";(2)反之,是"不鼓励资本集约的";(3)技术进步伴随着资本集约化程度提高,带来劳动生产率增加,但增长率不变,这种技术进步是"中性的"。

卡莱斯基认为,具有较高资本集约化程度的新技术设备代替较低资本集约化程度的旧技术设备,在社会范围内是逐步实现的。这种交换的时间长度依存于旧技术设备的生命周期。社会进行这种普遍的技术变换,是通过新投资建立起来的。假定旧技术设备报废与重置相等,如果新技术是"中性的",尽管新投资的工厂的劳动生产率增长率不变,但劳动生产率提高;此外,新投资本身也形成一个国民收入净增量。卡莱斯基认为,资本集约化程度的提高,会带来一个额外的劳动生产率和国民收入增长率。它们的运动轨迹是:在技术变换过程开始时,这种额外的增长率最高;随着技术变换过程扩展,这种额外增长率逐渐缩小;变换过程完成时,新技术设备完全替代了旧技术设备,额外的增长率消失,整个社会增长率回到它的正常水平。如果新技术是"鼓励资本集约的",这种额外的增长率也有类似中性技术进步的运动轨迹,但水平更高;因而,技术变换过程中,平均额外的劳动生产率和平均国民收入增长率更高。

加速社会主义经济增长的第二条途径,是缩短设备生命周期,通过加速折旧,加快旧技术设备废弃、新技术设备重置的过程。加速折旧与提高资本集约化程度一样,都是以新技术设备替换旧技术设备、提高劳动生产率的过程。两者的区别在于实现这种技术变换的资金来源不同,即折旧基金和积累基金的区别。前者是资本重置,后者是新投资;与提高资本集约化程度相似,加速折旧也会在生产率和国民收入正常增长之外带来额外的增长,并有类似的额外增长率的运动轨迹。卡莱斯基认为,缩短设备生命周期或加速折旧有二重性。它一方面缩短技术设备更新周期,带来额外的劳动生产率和国民收入的增长;另一方面,它又需要有较高的潜在投资率,从而以较低的消费率为代价,加速折旧导致的双重结果,形成关于适度折旧参数决策的基础。卡莱斯基建立模型并证明:消费的额外增长率大于1,是折旧参数选择的最高限,投资率变动的长期增长利益和短期消费损失的平衡点决定适度折旧参数的选择。

加速社会主义经济增长的第三条途径,是改善对现有生产能力的利用。这种改善是在不增加投资的情况下,通过下列途径实现的:重新合理地组织生产过程,改善计划工具和计划经济功能;减少计划实现的各种程度的非比例性;消除部门之间和企业之间流动的障碍;经济地利用资源,消除浪费;减少工作停顿;改进劳动组织,等等。

4. 投资与增长结构决定

在考察总量增长与总量投资率决定后,卡莱斯基进一步研究:与总增长率和总投资率相协调的增长与投资结构如何决定?

卡莱斯基认为,如果增长模型中所有参数给定,国民收入增长呈现出三种型式:(1)增长率不变;(2)增长率上升;(3)增长率下降。首先,增长率不变,要求投资和消费率不变,即投资和消费与国民收入同比率增长,从而要求投资品生产和消费品生产也以相同比率增长。如果投资品生产部门投资系数给定,那么社会在这一部门的投资比例以及消费品部门的投资比例必须保持不变。也就是说,投资品部门投资和消费品部门投资,必须与总投资以相同的比率增长。其次,增长率上升,要求投资率提高,同时消费率下降,即要求投资增长率高于国民收入增长率,消费增长率低于国民收入增长率。如果投资品部门的投资系数不变,投资品部门的投资在社会总投资中的比例必须增加,消费品部门的投资比例相应下降。根据上述思想,卡莱斯基建立了投资结构决定模型。这一模型表明:投资结构即总投资在各部门的分配比例,决定于投资率和投资品生产增长率与国民收入增长率之差。显然,卡莱斯基模型,不仅包含了总增长率与投资结构的相关关系,而且还包含了总增长率与增长结构的相互关系。这里,增长结构即投资品和消费品产出的相对增长速度,成为决定投资结构的中介。

5.制定社会主义经济长期计划的方法

在上述理论基础上,卡莱斯基形成了一套制定社会主义经济长远规划的科学方法。这一方法的出发点,是选择国民收入增长率。卡莱斯基说,"在长远规划中,可以把国民收入年平均增长率作为最重要的参数。因此,选择计划的正确方案,实际上等于选择适当的国民收入增长率。"

卡莱斯基认为,制定长远计划的第一步,是参照以往增长经验中较高的增长率,提出几种可供选择的增长率。其次,参照经验投资系数,根据统计趋势,提出几种可供选择的投资系数。第三,根据增长模型,估算不同增长率和投资系数需要的各种可能的投资率和消费率组合、增长结构与投资结构组合。第四,估计消

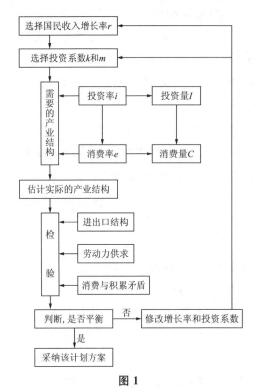

图1

费结构发展以及它所要求的产业结构,从而确定对外贸易的结构。第五,检验各种可供选择的增长率、投资系数、投资率与消费率、增长结构和投资结构、进出口结构等各串计划量的可行性。一串计划量的可行性,必须严格限制在劳动力供求、国际贸易进出口、积累与消费矛盾导致的长期增长利益与短期消费损失之间平衡的水平上。最后,从多种增长率和投资系数形成的多串计划量中,选择能满足以上三个约束条件的最大增长率。否则,必须调整增长率和投资系数的选择,直到由此形成的新的一串计划量达到劳动力供给、国际贸易和积累与消费矛盾的临界点为止。

我们不妨用图1来表示卡莱斯基制定社会主义长期发展规划的方法。

四

卡莱斯基理论的出发点是自然增长率模型和实际增长率模型。这两个模型主要来源于哈罗德增长公式,但是,两者有着根本的区别。首先,哈罗德模型是卡莱斯基模型中折旧参数和改进系数等于零时的一种特例。哈罗德模型假定 $\alpha = 0$,从中排除了折旧因素对增长的影响;假定 $u = 0$,是因为资本主义生产能力利用程度依存于有效需求,只有有效需求增加,u 才能提高。社会主义的情形则与此不同。其次,两人的历史任务不同。哈罗德是想把凯恩斯有效需求理论动态化,把资本主义短期均衡条件长期化,考察资本主义经济长期稳定均衡增长的条件;卡莱斯基的任务是揭示社会主义经济增长的机制,并通过在各种限制因素约束下寻求适度增长率和合理增长的途径,解决投资与消费的矛盾。

卡莱斯基增长理论的贡献主要体现在如下几个方面。

第一,提出了关于社会主义投资膨胀原因的分析。

在所有社会主义国家,几乎都存在着投资膨胀问题。对此存在两种基本的解释:一是从微观经济角度出发,认为投资膨胀是企业行为的结果,企业投资行为得到现有经济体制的支持。这种解释的政策要求是,改革现有经济体制,改变投资形成的制度条件。二是从宏观经济角度出发,认为投资膨胀是政府投资行为的结果,政府追求高增长率直接导致高积累率,并通过瓶颈加速投资膨胀。因为,当经济体系的实际增长结构不能支持某种高增长率时,就会发生劳动力和一些部门生产供给的短缺。这种双重的短缺使投资工期延长,从而产生额外的投资需求。卡莱斯基的思想体现了第二种解释。这种解释的政策含义是:加强社会主义宏观经济控制与协调,改善社会主义计划体制与计划方法。

第二,提出了适度积累率和增长率决定的基本方法。

投资膨胀,一方面导致投资品供给相对于膨胀的投资需求显得不足;另一方面挤占消费品生产,使消费品供应相对需求也显不足。因此,政府追求高增长率的行为,在卡莱斯基看来,是导致社会主义经济中普遍短缺和投资与消费冲突的基本诱因。很显然,选择合理的增长率和积累率,是避免上述矛盾的关键。卡莱斯基以投资为中心,通过投资率二重运动,揭示了投资率变动引起的长期增长利益和短期消费损失之间的数量关系,提出了在劳动力供给、进出口贸易和投资与消费矛盾因素限制下,两者的平衡点决定适度增长率和积累率的思想方法。

第三、沟通了总增长率、投资率同增长结构、投资结构之间的联系。

西方经济理论主要论及总量增长,忽略增长与投资结构协调问题,后者被认为是由市场机制来保证的;社会主义国家十分关心结构问题,例如投资品和消费品相对增长速度的决定。卡莱斯基通过下列方式沟通了这两者之间的内在联系:假设技术关系给定,实际的国民收入增长率决定应有的投资率,后者又决定相应的各产业增长结构,增长结构又决定了投资结构或投资分配比例。这里包含了由技术关系决定的总量增长与结构比例之间的相关协调问题。

第四,提出了制定经济发展长远规划的科学方法。

这种方法的基本特征是,把总体与结构联系起来,考虑总增长与增长结构、总投资与投资结构、投资率与投资分配比例之间的相互协调;并考虑种种限制因素和技术进步的因素,使经济长期发展计划建立在稳定可靠的基础上。这种方法避免了传统计划方法的严重缺点,后者片面把从某一产业(例如重工业)较高增长出发,安排整个国民经济,它包含了国民经济畸形发展与比例失调的可能性。

卡莱斯基是经济学史上最早完整研究社会主义经济增长理论体系的经济学家;作为最早的尝试,他的理论有缺陷是难免的。但是,不论怎样,卡莱斯基的增长理论为社会主义的宏观经济动态理论奠定了基础,同时也为社会主义宏观经济控制与协调提供了新的方法。可以肯定,这种方法对于完善我国间接控制体系下的计划方法具有重要的指导意义。

五

本书根据卡莱斯基《社会主义和混合经济的经济增长文选》1972年英文版译出,删去了其中有关混合经济增长理论部分,保留了社会主义经济增长理论部分。本书还收进了卡莱斯基的一篇重要论文——《制定远景规划的方法要点》,作为第二篇的附录。它是卡莱斯基社会主义经济增长理论付诸于制定社会主义经济长期发展规划这一实践的科学总结和理论概括。在这篇论文中,卡莱斯基把他的社会主义经济增长理论转化成了计划决策过程中可应用的具体步骤。

这本书能在多大程度上帮助我国读者理解社会主义经济增长过程,特别是中国的经济增长,这只能由读者来判断。但是,有一点可以肯定,这本书是任何西方和东欧经济学家研究社会主义经济增长问题的理论出发点,科尔纳也承认卡莱斯基理论对他的研究有着显著的影响[5]。

这里,我要感谢中国国际问题研究所潘同文,我在本书中选用了他翻译的《制定远景规划的方法要点》一文,得到了他的热情支持。本书除第1章由同济大学外语系顾慧芳翻译外,其余部分都由本人翻译。由于本人水平有限,本书译文难免有误,恳请读者批评教正。

符钢战
写于华东化工学院经济发展研究所
1987 年 9 月 24 日

注 释

① 卡莱斯基"试图建立一个包括微观和宏观的完整的理论体系,以此来解决收入分配和收入决定这样一些核心问题"。参见约·波斯查尔等:《米哈尔·卡莱斯基对传统观念的全面挑战》,载于约·夏克莱顿等主编《当代12 位经济学家》,海尔斯坦德出版社 1983 年版。

② 萨缪尔逊:《经济学》(上册),商务印书馆 1982 年版,第 364 页。

③ 克莱因:《约翰·梅纳德·凯恩斯生平》,《政治经济学杂志》1951 年 10 月号。

④ J.罗宾逊:《经济理论的第二次危机》,载于《现代国外经济学论文选》第 1 辑,商务印书馆 1981 年版,第 7 页。

⑤ 亚诺什·科尔纳:《增长、短缺和效率》,贝西尔·布莱克韦尔出版社 1982 年版,第 1 页。

前言

这本书汇集了卡莱斯基论文的精粹,是《资本主义经济动态学文选》(1971)的续集。虽然卡莱斯基已逝世,他未能给这本书写序,但是对此书所收论文的选择则完全是根据他的意愿。

本书第一篇曾于1963年以波兰文发表,1969年由Z.萨多斯基翻译、贝西尔·布莱克韦尔出版社出版了它的英译本。第一篇的附录,取自剑桥大学出版社1967年出版的《社会主义、资本主义和经济增长:献给莫里斯·多布》一书。第12章于1970年在华沙以波兰文发表,后由D.M.努蒂译成英文。第13章于1970年用俄文发表,题为《经济学的数学方法》;现由D.G.弗赖译成英文。第14章发表于《介绍、增长与贸易:纪念罗伊·哈罗德先生论文集》一书,该书由W.A.埃尔蒂斯、M.F.G.斯各特和J.N.沃尔夫主编,1970年牛津大学出版社出版。第15章于1964年以波兰文发表,1967年以英文发表于《共存》杂志。

第一篇使用的数学符号是统一的,但全书不一定统一。

我们感谢D.M.努蒂博士,他在整个出版过程中校阅了本书。

目　录

主编的话
译者序
前言

第一篇

社会主义经济增长理论导论

1

定义与假设

1. 由于本章涉及的是国民收入及其构成的长期变动,我们就从这些概念的定义开始。

我们把某一年的国民收入定义为:该年生产的产品的价值减去生产过程中使用的原材料和半成品价值。进口材料的价值要从中扣除,因为进口材料不是国内生产的;此外,国内生产的材料价值也应减去,以免重复计算。如果要在一定年份内生产机器,除了其他要素外,就需要生产一定量的钢铁,扣除钢铁投入的价值,于是我们就可避免钢铁生产在国民收入中的两次计算——第一次是钢铁产值的计算,第二次是机器产值的计算。这样,与总周转额不同,国民收入并不依存于生产阶段的数目。

生产过程中的投入要素,不仅包括原材料和半成品,而且还包括固定资本。但是,根据上述定义,我们并未在产出值中扣除折旧,因此我们这里涉及的是国民收入总值。这种对原材料和折旧的不同处理方式似乎是自相矛盾的,但事实上并非如此。与原材料投入要素不同,折旧不是一个被严格确定的量值。生产设备的寿命不是一个纯技术参数,它在很大程度上取决于以经济考虑为基础的决策。正如我们下面将看到的,在涉及国民收入总值和总投资而非国民收入净值和净投资时,折旧这个因素进入了我们的论题。

从我们对国民收入的定义还可以看出,这一概念包括商品生产,但不包括劳务的生产,这同社会主义国家采纳的方法是一致的;而有些与商品相似的劳务生产是包括在内的,例如运输、洗衣服务、餐饮以及贸易。但是,国民收入不包括政府行政劳务、教育、娱乐、健康设施等等;此外还不包括消费者对某些固定资产的使用,例如住宅和旅馆。但是,在资本主义国家的国民收入统计中,所有这些劳务都计入国民收入,其中包括政府在行政上的开支、在教育与健康方面的公共与私人开支,以及在娱乐、房地产等方面的私人支出。

看来,在经济动态学的研究中,把国民收入作为商品生产来论述具有显而易见的好处。测量实际值——即扣除价格变动后的价值——的变动,商品一般比劳务更加容易。例如,在资本主义国家统计中,政府行政活动的实际增加,由政府行政人员的就业指数(根据他们的基年工资估计)来衡量,因此这根本不能说明劳动生产率——即完成一定的工作所要求的人时数——的变动,这种衡量显然是相当困难的。教育、娱乐和保健等劳务的衡量,在某种程度上也存在同样的问题。从不同的观点看,在经济增长分析中,把居民住房提供的劳务列进国民收入是一件麻烦的事。这里的资本支出和劳务价值之间的比率比商品生产中的相应比率高得多,正如我们将看到的,这将会使经济增长理论相当复杂。显然,这并不是说,在长期计划中要忽略劳务;相反,劳务计划虽不列入国民收入方面,却列入就业方面(例如行政劳务)或列入为消费者提供劳务的固定资产能力方面(例如居民住房提供的劳务)。

2. 在一个封闭经济中,国民收入总值,根据它的最终用途,可以分为下列几个部分:

(a) 生产性投资,即在商品生产中用于再生产和扩大设备存量(机器与建筑物)的支出。

(b) 存货增加,即流动资本和存货的增加值。

(c) 非生产性投资,即对商品生产不起作用的新固定资产支出,例如居民住宅、旅馆、学校、医院、体育场、街道、公园等。

(d) 集体消费,包括中央和地方政府以及不纳入国民收入的劳务生产企业所消费的非投资品,如办公用的文具、药物、医院的食品和纱布、剧院的舞台和道具等等。

（e）商品和相似劳务的个人消费。

在一个开放经济中，有必要在上面加上（f）项，出口，即外销商品的产值，同时减去（g）项，即原料、半成品及成品的进口，这些进口纳入上述国民收入各部分，但不是在国内生产的。

因此，国民收入可分为：

（a）生产性投资；

（b）存货增加；

（c）非生产性投资；

（d）集体消费；

（e）个人消费；

（f）出口；

（g）减进口。

如上所述，投资和国民收入都是含折旧的总值，需要进一步弄清楚对在建资本的处理。在社会主义和资本主义国家统计学中，改进机器制造方面的工程量变动，计入存货增加，而在建的建筑物数量的变化列入投资中。就我们的论题而言，把后一项目归在存货增加下将更为简便。固定资本投资因此就等于某年所交付的新资本设备量。

国民收入的构成可分成两大类：（1）用来作为增加国民收入手段的部分，即生产性投资和存货增加；（2）成为商品生产目的的部分，即非生产性投资及集体消费和个人消费。我们把生产性投资和存货增加总量广义地称为生产性积累，把非生产性投资和消费总量广义地称为消费。

出口与进口的差额即贸易差额，究竟应归入哪一类，是手段一类还是目的一类，还存在着争议。既然下面假定贸易差额等于零，那么我们就不赘述了。

3. 为了计算上面定义的国民收入及其构成，必须说明组成国民收入的各商品应按什么价格估值。社会主义经济采用了两组不同的价格：工厂价格和市场价格。工厂价格建立在生产的平均成本加少量加价的水平上；市场价格，在工厂价格水平之上，还包括交易税。因为，在实践中，交易税主要是对消费品课征的，所以，用市场价格估价的国民收入，导致了国民收入动态过程的某些失真。

例如，让我们假设，一定数量的工人使用一定的机器，工人从投资品生产转向消费品生产。如果用市场价格来估算国民收入，那么劳动生产率和机器会显示出一种虚假的增长。所以，在经济增长理论的研究中，假定用工厂价格来估算国民收入及其构成是明智的。

下一个问题是估计连续各年的国民收入，以便计算它的"实际"增长，这是经济动态学研究的重要问题。按不变价格，例如初始年的价格，对国民收入及其构成进行估算，可以得到实际的增长率。由于出现的新产品没有基年价格，所以这种方法包含了一定的困难。这种困难可用下列粗略的方法得以解决。假设一种新产品 A 的工厂价格，高于相近产品 B 价格的 10%，产品 B 有基年价格。我们设产品 A 的基期价格，等于产品 B 的基期价格加上 10%；但是，这样一种方法不太适合一个离基年很远的时期，因为在基年要找到与 A 相近的任何一种产品并非易事。但还有一种办法。可以定义，第 n 年的新产品在第 $n-1$ 年不存在；现在，在第 $n-1$ 年的生产中，我们可以找到一种与它相近的产品 B；这种产品 B 本身也许是前一年的新产品，但借助我们的方法，它的基期价格决定了。显而易见，如果我们从基年开始，然后一年一年推移，那么在用不变价格对国民收入及其构成进行估算时，我们就不会遇到困难。

除了估算国民收入这些一般问题外，还有两个更加具体的问题：一是存货增加，二是出口与进口。关于存货增加，应当记住，每年年初和年末的存货价值，都要用基年的价格来计算，只有这样才能算出年初和年末存货的差额。

有关进出口商品价格的问题比较复杂。首先，我们采用工厂价格计算基年的出口商品价值。该价值与出口商品外汇价值的比率形成所谓的"换汇率"。这一比率和进口商品的外汇价值的乘积，反过来形成所谓"按工厂价格计算的进口商品的价值"：只有这些以工厂价格表示的出口商品价值，才能在基年换得一定数量的进口商品。应当注意，以那年工厂价格计算的出口价值和进口价值之间的关系，和以外汇计算的出口与进口价值之间的关系是相同的。

怎样以基年的工厂价格来估价任一年的出口和进口价值？初看起来，下列方法似乎是合理的。由于出口商品和进口商品的外汇价格一般是变动的，所以，出口商品价值要按基年的出口价格计算，同时进口商品价值按该年的进口价格衡量,即以外汇表示的出口与进口商品的"实际"价值。然后,把这些价值乘上初始年的"换汇率",这样,我们得到以那年工厂价格计算的出口与进口商品的价值。

但是,这个方法有个重大缺陷。如果贸易条件发生变化,那么以上述方法算得的出口和进口数量比率,就会不同于它们的实际外汇价值的比率。尤其是在外贸平衡的情况下,这些数量一般并非相等。比如说,假定一定年的出口值和进口值都是 15 亿美元;假定以基年为基础的出口价格指数是 105,同时进口价格指数是 125;还假定基年的"换汇率"是每美元 30 兹罗提*。于是,"实际的"出口值为 $15 \div 1.05 = 14.3$ 亿美元,"实际的"进口值为 $15 \div 1.25 = 12$ 亿美元,而初始年工厂价格计算的出口和进口价值分别为 430 亿和 360 亿兹罗提。

这种偏差可矫正如下:进口的外汇"实际"值按基年的不变进口价格计算,而出口的外汇"实际"值,被认为和"实际的"进口值有着同样的关系,犹如出口的现行外汇价值和进口的现行外汇价值的关系。如果在前例中应用这种方法,那么"实际的"出口值就等于"实际的"进口值,即为 12 亿美元。这种方法可定义为:采用进口价格指数而不是用出口价格指数,对出口进行减缩调整。在我们的例子中,出口值 15 亿美元,除以 1.25,而不是除以 1.05。因此,很清楚,如果出口和进口的现行价格相等,那么由此决定的出口和进口的"实际值"也将相等。

如果出口的现行外汇价值相当于进口的现行外汇价值的 0.9(例如出口等于 13.5 亿美元,进口等于 15 亿美元),出口的"实际"值就被确定为进口"实际"值的 0.9(如果进口价格指数是 1.25,"实际的"出口就等于 $0.9 \times 1.2 = 1.08$,或换言之 $13.5 \div 1.25 = 10.8$ 亿美元)。由此定义的出口"实际"值暗含在按基年进口价格计算的进口值,这些进口值是在同这些出口货物交换中获得的。因此,这就是所谓的"与进口等值的出口量"。最后,用初始年的"换汇率"乘上出口和进口的"实际"值,我们又得到按那年工厂价格计算的出口值与进口值。

显然,按照定义,出口和进口的"实际"值作为"实际"国民收入的构成项

---

*　波兰的货币单位。——译者注

目,是同它们各自的外汇现行价值成比例的。因此,贸易差额的平衡是"实际"国民收入账户上的进出口各个项目平衡的反映。进出口项目之间的任何差额都表示外国贷款或借款量(更严格说,这种差额等于和外国债权等值的进口量,乘上初始年的"换汇率")。但是要利用这种方法,代价是把某种限制引进国民收入概念:出口不再是前一种方法中的那个量,即不是测量出口的产出量,而是测量这种出口产出量可购买的进口量。因此,如果国民产出量保持不变,而贸易条件恶化,那么国民收入就减少。这样,国民收入就不再表示生产的国民收入,而是表示得到的国民收入。但是,在下面的研究中可以看到,从研究经济增长的角度看,这丝毫没有妨碍。每当在这样一种分析中涉及外贸问题时,贸易条件的变化很容易在国民收入变化中反映出来。

应当补充,进入国民收入不同构成项目的所有进口货物,必须按它们列入"进口"项时计价的那个价格进行计算。这是因为,从国民收入所有其他构成项目总和中扣除后一项目,其唯一目的,是要从中消除所有那些非国内生产的要素。如果这些要素不是按照严格相同的价格进行定价,那么,这个目的就无法实现。

4. 在以后的论述中,我们假定所考察的国家既不向其他国家借款,也不向它们贷款,以致这个国家的外贸是平衡的。根据上述定义可知,在这种情况下,作为"实际"国民收入账户上的项目,出口和进口是相等的。因此,国民收入是广义的生产性积累和消费的总和。这绝不是说,在论述中我们将完全忽略外贸问题。相反,正如下面将看到的,平衡外贸的必要性,在我们对国民收入增长率决定的分析中起着重要的作用。

根据上述分析,用以估价国民收入的基期工厂价格,广义地说,是同各种产品的劳动成本成比例的(这里假定劳动成本,恰是为生产有关商品所使用的原材料而需要的劳动)。可见,对基期广义的生产性积累和广义的消费来说,单位国民收入的劳动支出是近似相等的。[①]既然用基期工厂价格表示以后年月的国民收入,那么这两个部门每单位国民收入的劳动含量就大致保持相等,条件是:这些部门的劳动生产率同比例增加,以致这些部门的每单位国民收入的劳动支出同比例下降(从上面对进口价格问题的论述来看,对生产性积累和消费来说,结果出现了单位国民收入的劳动支出大致相等的补充条件：即这两个部门进口商品的外汇价格彼此之间必须有一个稳定的关系）。

卜面假定，在增长过程中，这些条件得到满足，其结果是：生产性积累部门和消费部门中单位国民收入的劳动支出大致保持相等。因此，对于国民收入中这些项目相对份额的任何一种变动，就业在各个经济部门之间的分配，相应会发生成比例的变动。这一点对于我们以后的讨论具有重要的意义。

注　释

① 由于平均工资的差异，这一观念只有在下列条件下才是正确的，即不是用工作时数，而是用简单劳动作为等价物，也就是用工资费用与非技术工人的小时工资之比来衡量劳动支出。

2

基本方程

1. 如上所说,生产性积累的各个构成部分,即生产性投资和存货增加,对国民收入增长来说是必不可少的。现在,我们要确定国民收入增加同这些项目增加之间的关系。

让我们用 Y 表示某年的国民收入;I 表示生产性投资;S 表示存货增加,即流动资本加库存;C 表示广义的消费。根据上述定义和假设,我们有:

$$Y = I + S + C \tag{2.1}$$

这里的 $I+S$ 是生产性积累。

现在,我们来建立国民收入增量同生产性投资和国民收入水平之间的关系。我们用 ΔY 表示某年年初到下年年初国民收入的增加量。我们假定在这一年过程中,国民收入保持不变,而在下一年的年初才发生变化。因此,ΔY 也是某年国民收入总量和下年国民收入总量之间的差额。这一增量首先归因于投资(I)的生产性效应,投资表示第一年内交付使用的设备量;根据我们假定,它在下一年年初提供产品。我们用 m 表示所谓的资本—产出比率,即每单位国民收入增量的资本支出。投资的生产性效应,即因投资而引起的国民收入增量,因而其数量为 $(1/m)I$。

但是,还有其他因素影响着国民收入的增加量。首先,资本设备会渐渐地陈旧、损耗和报废,这会导致陈旧设备退出生产过程,从而生产能力缩减。[①] 由于这个因素,第二年年初国民收入下降了 aY 量,a 是一个系数,称为折旧参数。这个过程对于因生产性投资而产生的国民收入增加,具有相反的作用。

国民收入增加还有一种趋向,即改善设备的利用,但这无需有巨大的资本支出。因为劳动组织的改进,更加节约地使用原材料,消除次品等等,可使现有工厂生产出更多的产量。由于这些努力,第二年年初国民收入增加了 uY 量,u 是表示这种改进效应的改进系数[②]。

于是,我们得到下列公式,这个公式把在某一年内的国民收入增量 ΔY 看作是投资(I)和国民收入水平(Y)的函数:

$$\Delta Y = \frac{1}{m}I - aY + uY \qquad (2.2)$$

让我们用 Y 除以式(2.2)的两端:

$$\frac{\Delta Y}{Y} = \frac{1}{m}\frac{I}{Y} - a + u$$

如果我们用 r 表示国民收入增长率,我们得到:

$$r = \frac{1}{m}\frac{I}{Y} - a + u \qquad (2.3)$$

2. 这里出现一个问题,即式(2.3)是否也可用来分析资本主义经济动态学。答案是否定的。资本主义和社会主义制度的区别会在改进系数 u 的解释上显示这一结论。

在社会主义体系中,生产能力至少原则上是充分利用的。不过,由于劳动组织的改善、更节约地使用原材料等原因,通过更好地利用现有设备,国民收入可以得到稳定的增长。如果这种进步恒速持续下去,那么 u 将保持不变。

对比之下,在资本主义体系中,设备的利用程度首先取决于有效需求和生产能力数量之间的关系。因此,在这种情况下,u 不是一个独立的系数,而是反映为现有生产设备的产出寻找市场的可能性程度的变动。只有在社会主义经济中,生产能力的利用是由计划(首先是通过确定价格和工资之间的适当关系)来保证的,这样,改进系数 u 才开始唯一地反映组织和技术改进的影响。这种改进并不需要巨大的资本支出。

3. 按照 m、a 和 u 不变的假定,从式(2.3)可直接推论,如果国民收入中投资的相对份额 $\frac{I}{Y}$ 保持不变,那么,增长率 r 也不变。但是,$\frac{I}{Y}$ 不变则相当于投资与国民收入同比率增长。

因此,如果投资增加比率与国民收入增长相同,那么后者的固定增长率就是有保证的。但若前者的扩张比后者更快,那么投资在国民收入中的相对份额就增加,于是根据式(2.3),这使得国民收入增长率稳定地提高,即它维持一种加速的增长。

只要参数 m、a 和 u 保持不变,这一切都是正确的。但是,随着每个工人配备的资本增加,资本—产出比率不变的假定同包含劳动生产率提高的技术进步的本质是否相悖?

然而,m 不变仅仅意味着资本—产出比率保持不变,它绝不排除就业相对产量和资本而下降的可能性。在这种情形下,与资本有关和与产量有关的就业会同比例下降。以致劳动生产率会和资本—劳动比率同比例增加。的确,资本主义和社会主义国家历史的和统计的经验表明,为了维持劳动生产率的持续上升,无需资本—产出比率(m)的增加。关于技术进步的这些论述,仅仅是初步的,这一问题将在第 7 章中给予更详细的讨论。

4. 现在,我们简单考察国民收入增量和生产性积累另一项目即存货增加之间的关系。我们假设,给定实物结构的存货量与国民收入成比例增加,结果,存货增加(S)同国民收入的增量是成比例的:

$$S = \mu \Delta Y \tag{2.4}$$

这里 μ 是存货量和国民收入之间的比率,即所谓存货的平均周转期(average period of turnover)。

存货周转期对于不同的商品是不同的,由此可认为,系数 μ 取决于存货增加的实物结构。下面,我们将忽略这种结构变动对参数 μ 的影响。但应当注意,这是一种相当重要的简化——如果认为存货规定要包括在建的资本量,那么情形更是如此。在建资本量和经常性建设开支两者的比例相对高,使国民收入构成中的消费转向投资——我们在讨论中将经常涉及这个问题——必定导致 μ 的增加。然而根据上述假定,为了简化起见,我们将不考虑这个问题。

应当注意,对于资本—产出比率作出一个类似的简化假设,也取决于投资结构。确实,同 μ 相比,当国民收入构成中的消费转向投资时,与 μ 不同,系数 m 不一定增加,因为最终投资品生产,例如机器和建筑——把所有的生产阶段加总起来——几乎不比消费品生产的资本集约化程度更高(另一方面,生产初级产品的资本—产出比率一般高于较高的生产阶段)。总之,在我们的分析中,我们并不忽略投资结构变动对资本—产出比率 m 的影响。

5. 从式(2.3)和式(2.4)出发,我们现在可以建立国民收入增长率和国民收入中生产性积累的相对份额之间的关系。式(2.3)可以重写如下:

$$\frac{I}{Y} = (r + a - u)m$$

式(2.4)的形式是:

$$\frac{S}{Y} = \frac{\mu \Delta Y}{Y} = \mu r$$

这两个方程相加,我们得到:

$$\frac{I+S}{Y} = (m + \mu)r + (a - u)m$$

从而:

$$r = \frac{1}{m + \mu} \cdot \frac{I+S}{Y} - \frac{m}{m + \mu}(a - u) \qquad (2.5)$$

$I+S$ 是生产性积累,我们用 i 表示它在国民收入中的相对份额,即:

$$i = \frac{I+S}{Y}$$

由于国民收入是生产性积累 $I+S$ 和广义消费 C 的总和,国民收入中消费的相对份额就是:

$$\frac{C}{Y} = 1 - i \qquad (2.6)$$

为了简单起见,我们称国民收入中生产性积累的相对份额为"生产性积累率"。此外,我们用 k 表示 $m+\mu$;我们称 k 为"总资本的资本—产出比率",因为它表明生产一单位国民收入增量所需要的固定资本和存货数量。在式(2.5)中引进这些符号,我们得到:

$$r = \frac{i}{k} - \frac{m}{k}(a-u) \tag{2.7}$$

由此方程可见,如果系数 k、m、a 和 u 保持不变,为了维持一个固定的增长率,国民收入中生产性积累的相对份额必须保持在一个固定的水平上。这就是说,在固定的增长率情况下,生产性积累与国民收入同比率即以 r 比率增加。

上面已经证实,在这样一种情况下,生产性积累的提高与国民收入同步;因此,生产性积累的另一构成即存货增加,也是如此。此外,由于国民收入中消费的相对份额 $1-i$ 也保持不变,显然,消费也和国民收入同步增加。

但是,如果国民收入增长率加速,也就是比率 r 提高,国民收入中生产性积累的相对份额 i 也必须上升。因此,在这种情况下,生产性积累比国民收入上升得更快,而消费增长则较慢,它在国民收入中的相对份额 $1-i$ 表现出稳步的下降。

固定的国民收入增长率越高,国民收入中生产性积累的相对份额必定越高,而消费的相对份额 $1-i$ 必定越低。这一事实仅仅指出了在增长率选择上的某些限制因素。如果这个比率上升,国民收入中消费的相对份额必须缩减,这对短期的消费水平产生不利的影响。在制定增长率决策时,这是必须考虑的因素之一。增长率的决定(也取决于劳动力的平衡和国际贸易的平衡)是这本书的主题,但在集中讨论这个问题之前,更细致地探讨以给定的固定增长率 r 为特征的经济增长过程是有用的。

注 释

① 为了得到国民收入总值,磨损和报废部分(包括备用部件)的支出由经常性修理开支,须从产值中扣除,这同原材料投入相似;因此,我们这里撇开经常性修理,仅仅考察发生的那部分磨损和报废。

② 改进系数 u 特别反映在避免瓶颈方面所取得的进步,因为瓶颈阻碍生产能力的充分利用。例如,如果产品 A 的生产能力与产品 B 的生产能力不吻合,以致 B 的产量落后于 A 的产量,那么,这会阻碍生产能力 A 的充分利用,这种非比例性在完善的计划经济中是不该发生的。但实际上,特定商品的生产计划在完成上的偏差,对海外市场开拓的不完全预见等等,使得瓶颈不可避免。减少这些偏离的努力,会导致总资本设备利用的逐渐改进,从而说明了 u 的部分原因。

3

恒速增长

1. 给定下列假设，我们现在考察经济增长过程：

（a）国民收入增长率 r 不变。

（b）参数 m、k、a 和 u 保持不变。

（c）每年投入运转的新工厂，由于技术进步包括组织的改进，它的劳动生产率按照一个固定的比率 a 增长。换言之，在某一年内投入运转的那些设备的劳动生产率，比前一年投入运转的那些设备的劳动生产率高（$1+a$）倍（根据第 1 章结束时作的假定，我们进一步假设生产性积累部门和广义消费部门的劳动生产率增长率都是相同的）。

由假设（a）和假设（b）可知，生产性积累及其构成——生产性投资和存货增加——以及消费，都按照一个固定比率 r 增长。我们现在证明，假定固定资本存量的寿命 n 保持不变，固定资本存量 K 也以同样的固定比率增长[①]。

在某一时间上，现有的固定资本存量是由前 n 年过程中进行的投资组成的，因为所有早期建立的工厂已经废弃。让我们用 K_t 表示在时间 t 的固定资本存量；用 I_1 表示在 t 时前 n 年时期中的第一年投资；I_2 表示这一时期的第二年投资，以此类推。这样，我们有：

$$K_t = I_1 + I_2 + I_3 + \cdots + I_n$$

由于投资按照年率 r 增长,我们得到:

$$K_t = I_1[1 + (1+r) + (1+r)^2 + \cdots + (1+r)^{n-1}] \qquad (3.1)$$

投资序列移动一年,对于时间 $t+1$,我们得到:

$$\begin{aligned} K_{t+1} &= I_2 + I_3 + I_4 + \cdots + I_{n+1} \\ &= I_2[1 + (1+r) + (1+r)^2 + \cdots + (1+r)^{n-1}] \end{aligned}$$

用前一方程去除这个方程,我们得到:

$$\frac{K_{t+1}}{K_t} = \frac{I_2}{I_1}$$

由于 I_2 是比 I_1 晚一年进行的投资,而且投资按照年率 r 增长,结果有:

$$\frac{K_{t+1}}{K_t} = 1 + r \qquad (3.2)$$

因此,固定资本存量也按照比率 r 增长。

现在,值得注意的是,国民收入和固定资本存量之间的关系。对这种关系的讨论也将为解决下一个问题奠定基础,即整个经济的平均劳动生产率增长率问题(我们关于劳动生产率恒速增长的假定,仅仅同以后年份投入运转的新设备的生产率有关)。

2. 让我们考察与固定资本存量 K_t 的每一个构成,即与 $t+1$ 年内的 I_1,I_2,$\cdots$,I_n 相应的产出量。根据第 2 章第 1 节的定义,这些投资支出代表的设备在第二年年初生产的产量分别为:

$$\frac{1}{m}I_1, \ \frac{1}{m}I_2, \ \cdots, \ \frac{1}{m}I_n$$

这里,m 是资本—产出比率。但随着时间的推移,由于设备利用方面的改进,在工厂以后的寿命期中,上述各个产量每年按照比率 u 增长。现在,在 t 时前的 n 年时期中,第一年的投资 I_1 代表的设备保持运转,直到时间 $t+1$,即持续了 n 年。与此相似,第二年投资即 I_2 代表的设备持续运转 $n-1$ 年;第三年投资代表的设备持续 $n-2$ 年;以此类推。结果,在 $t+1$ 的这一年,由投资 I_1 代表的工厂产出量是:

$$\frac{1}{m}I_1(1+u)^{n-1}$$

I_2 的产量为：

$$\frac{1}{m}I_2(1+u)^{n-2}$$

因此，在 $t+1$ 的这一年，总产量或国民收入是：

$$Y_{t+1}=\frac{1}{m}I_1(1+u)^{n-1}+\frac{1}{m}I_2(1+u)^{n-2}+\cdots+\frac{1}{m}I_n$$

把投资按年增长率 r 考虑进来，我们得到国民收入为[②]：

$$Y_{t+1}=\frac{1}{m}I_1\big[(1+u)^{n-1}+(1+r)(1+u)^{n-2}$$
$$+(1+r)^2(1+u)^{n-3}+\cdots+(1+r)^{n-1}\big] \qquad (3.3)$$

用式(3.1)除以式(3.3)，我们得到 $t+1$ 年的国民收入和时间 t 的固定资本存量之间的比率：

$$\frac{Y_{t+1}}{K_t}=\frac{1}{m}\frac{(1+u)^{n-1}+(1+r)(1+u)^{n-2}+\cdots+(1+r)^{n-1}}{1+(1+r)+\cdots+(1+r)^{n-1}} \qquad (3.4)$$

显而易见，这个比率并不依存于 t，换言之，它保持不变。这是预料中的，因为我们已经作出假定，国民收入按年率 r 增长，而且我们还证明过固定资本存量也是如此。此外，还要注意，同 $\frac{1}{m}$ 相乘的分数，其中分子的每一项都大于分母的对应项，例如 $(1+u)^{n-1}>1$，等等。因此分子大于分母，结果国民收入对固定资本存量的比率大于资本—产出比率的倒数：

$$\frac{Y_{t+1}}{K_t}>\frac{1}{m}$$

这显然是旧设备的利用按年率 r 速度进行改进的结果。如果 u 等于零，由式(3.4)可知：

$$\frac{Y_{t+1}}{K_t}>\frac{1}{m}\,[③]$$

3. 现在，让我们考察整个经济的平均劳动生产率的增长问题。上面假定，以后逐年投入运转的那些工厂的劳动生产率,以一个固定的比率增长,也就是假定在任一给定的年份内,劳动生产率高于前一年的水平,比例为$(1+\alpha)$。现在,在任一给定的年份内,新厂的产出量比前一年的新厂产出量大$(1+r)$倍,因为投资按照年率r增长,而资本—产出比率m不变。但是,如果每年投产的新工厂产量和劳动生产率都按固定比率增长,那么就业也同样如此。的确,如果我们用ε表示新工厂的就业增长率,我们可以写出:

$$1+\varepsilon=\frac{1+r}{1+\alpha} \tag{3.5}$$

如上所述,时间t的固定资本由投资I_1,I_2,$\cdots$,I_n代表的设备组成。让我们用z_1,z_2,$\cdots$,z_n表示在新设备投入运转后相应的就业水平。从上可知,这些就业水平代表一个含比率$1+\varepsilon$的几何级数。让我们暂时作一个会大大简化我们论述的假定。根据上述分析,例如由于劳动组织的改进,现有工厂的产量按照年率u增长。让我们假设现有工厂的劳动生产率按相同的比率u上升,结果就业从它们引入生产之时起就保持不变,在这种特殊情况下,在时间t,与投资I_1,I_2,$\cdots$,I_n代表的设备相应的就业水平,同各个工厂投产时的水平是相同的,即它们始终等于z_1,z_2,$\cdots$,z_n。因此,时间t的总就业(用Z_t表示)是:

$$Z_t=z_1+z_2+z_3+\cdots+z_n$$

但由于z_1,z_2,$\cdots$,z_n相当于一个含比率$1+\varepsilon$的几何级数,所以,我们有:

$$Z_t=z_1[1+(1+\varepsilon)+(1+\varepsilon)^2+\cdots+(1+\varepsilon)^{n-1}] \tag{3.6}$$

类似地,对于时间$t+1$,我们得到:

$$Z_{t+1}=z_2[1+(1+\varepsilon)+(1+\varepsilon)^2+\cdots+(1+\varepsilon)^{n-1}]$$

用前一方程去除后一方程,有:

$$\frac{Z_{t+1}}{Z_t}=\frac{z_2}{z_1}$$

但由于z_2表示比z_1晚一年投入运转的工厂企业的就业,所以我们有:

$$\frac{Z_{t+1}}{Z_t}=1+\varepsilon \tag{3.7}$$

这样,就业总量按照比率 ε 增长,即同投入运转的新工厂企业的就业等比率增长。这恰类似于固定资本存量与投资之间的关系,两者的增长比率均为 r。

此外,由于国民收入年增加比例为 $1+r$,总就业年增加比例为 $1+\varepsilon$,总劳动生产率的年增加比例为 $\dfrac{1+r}{1+\varepsilon}$,从而根据式(3.5),劳动生产率的增加比例为 $1+\alpha$,即与相继投产的新工厂的劳动生产率等比例增加。回想一下,这种分析只有在本章考察的恒速增长情况下才是正确的。然而,如下面要证明的,这一结果并不依存于我们暂时的假定:即现有工厂的劳动生产率与这些工厂的产出量按相同比率 u 增长。

4. 事实上,使用旧设备工作的劳动生产率并不一定按照比率 u 增长。举例说,如果机器的运转加速,但这不一定表示劳动生产率同比率增加,因为这需要使用额外的劳动人手。另一方面,提高资本集约程度可能不会引起产量的增加,而会导致就业的减少;这种情况是,例如每个工人操作的织机增加若干台数。因此,在一般情况下,老厂的劳动生产率会按照和 u 不同的比率 w 增长。[④] 结果,老厂中的就业并不保持稳定不变,而是每年以 $\dfrac{1+u}{1+w}$ 比例变动。可见,在时间 t,不同年龄机器的就业水平不是 $z_1,z_2,\cdots,z_n$,而是:

$$z_1\left(\frac{1+u}{1+w}\right)^{n-1},\ z_2\left(\frac{1+u}{1+w}\right)^{n-2},\cdots,z_n$$

而总就业 Z_t 是:

$$Z_t=z_1\left(\frac{1+u}{1+w}\right)^{n-1}+z_2\left(\frac{1+u}{1+w}\right)^{n-2}+\cdots+z_n$$

最后,把 $z_1,z_2,\cdots,z_n$ 形成一个含比率 $1+\varepsilon$ 的几何级数考虑进来,我们得到:

$$Z_t=z_1\left[\left(\frac{1+u}{1+w}\right)^{n-1}+(1+\varepsilon)\left(\frac{1+u}{1+w}\right)^{n-2}+\cdots+(1+\varepsilon)^{n-1}\right]\quad(3.8)$$

(我们得到的这个公式和借以表达国民收入的式(3.3)类似。)相似地,对于时间 $t+1$,我们得到:

$$Z_{t+1}=z_2\left[\left(\frac{1+u}{1+w}\right)^{n-1}+(1+\varepsilon)\left(\frac{1+u}{1+w}\right)^{n-2}+\cdots+(1+\varepsilon)^{n-1}\right]$$

用式(3.8)除这个方程,有:

$$\frac{Z_{t+1}}{Z_t} = \frac{z_2}{z_1} = 1 + \varepsilon \qquad (3.7')$$

这样,我们得到了和前面考察过的特例相同的结果。此外,总劳动生产率年复一年的增加比例是:

$$\frac{1+r}{1+\varepsilon} = 1 + \alpha \qquad (3.5')$$

因此,总就业和总劳动生产率与新工厂的就业和劳动生产率一起同比率增长。

5. 根据恒速增长的假定,国民收入增长率 r 和参数 m、k、u、a,以及投入运转的新厂劳动生产率增长率 α,都是不变的。我们亦已证明,总劳动生产率按照比率 α 增长。现在我们作出补充假定,即经济体系经常处于充分就业。我们称 β 为劳动力的增长率。

上面用 ε 表示的就业增长率,事实上仅仅涉及产品生产中的就业。而我们要假定劳务方面的就业也是同比率即按比率 ε 增长。为了维持充分就业,就业的增长率必须等于劳动力的增长率,所以我们有:

$$\varepsilon = \beta \qquad (3.9)$$

并且:

$$1 + r = (1 + \alpha)(1 + \beta) = 1 + \alpha + \beta + \alpha\beta \qquad (3.10)$$

由于我们假定两种增长率不变——国民收入增长率 r 和劳动生产率增长率 α——是恒速增长的一个特征,而在充分就业条件下我们还必须假定 β 不变。年增长率 α 和 β 是很小的分数,我们可以忽略式(3.10)中它们的乘积 $\alpha\beta$,而用一种相近的形式表达式(3.10)

$$r = \alpha + \beta \qquad (3.10')$$

这样,国民收入增长率 r 就由 α 和 β 共同决定,α 取决于技术进步,β 取决于劳动力的自然增长率。另一方面,参数 m、k、u 和 a 给定,增长率 r 决定国民收入中生产性积累的固定份额 i,在下列公式的基础上,上述条件是为了维持固定 i 所必要的:

$$r = \frac{1}{k}i - \frac{m}{k}(a - u) \tag{3.11}$$

i 的这种决定在图 3.1 中表示出来,其中 i 为横坐标,r 为纵坐标。

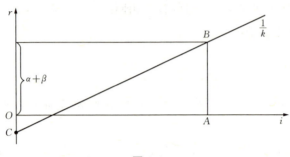

图 3.1

直线表示式(3.11)[实际上就是式(2.7)]给出的线性函数,它有斜率 $1/k$,并在 C 点交于 r 轴,C 点位于原点之下,距离为 $\frac{m}{k}(a-u)$。⑤同增长率 $r = \alpha + \beta$ 相应的生产性积累率为 $i = OA$。

只要参数 m,k,a 和 u 不变和充分就业这两个条件满足,超过比率 r 的加速增长是不可能的,因为它会遇到劳动力短缺的阻碍。因此,为了加速增长率,提高国民收入中生产性积累的相对份额,是没有意义的。在这种情况下,它只会导致闲置生产能力的出现。

显然,当我们改变关于参数不变和充分就业的严格假定时,增长率的选择问题就会出现。我们在下面几章涉及这个问题。我们首先考察有劳动储备的情况。然后继续讨论不存在这种储备的情况,并讨论为加快增长率——例如通过提高资本—产出比率——来克服劳动力短缺的情形。

注　释

① 如我们以后将要看到的,这种寿命不变是增长率 r、参数 a 和 u 不变所固有的。如果 a 相对于固定的 r 和 u 发生变动,那么,折旧参数 a 也会发生变化。

② 这个公式可用来得到一个表达式,该式把参数 a 作为 n、r 和 u 的一个函

数。如上所述,a 是国民收入减少量对国民收入的比率,它是由报废旧设备而产生的。这一减少量等于最老一代工厂的产量,即:

$$\frac{1}{m}I_1(1+u)^{n-1}$$

这个表达式除以式(3.3)给定的国民收入价值,我们得到:

$$a=\frac{\dfrac{1}{m}I_1(1+u)^{n-1}}{\dfrac{1}{m}I_1\left[(1+u)^{n-1}+(1+r)(1+u)^{n-2}+\cdots+(1+r)^{n-1}\right]}$$

$$=\frac{1}{1+\dfrac{1+r}{1+u}+\left(\dfrac{1+r}{1+u}\right)^2+\cdots+\left(\dfrac{1+r}{1+u}\right)^{n-1}}$$

把分母中的几何级数加总之后,有:

$$a=\frac{r-u}{\left[\left(\dfrac{1+r}{1+u}\right)^n-1\right](1+u)}$$

由此公式可见,n 完全取决于 a、r 和 u。因此,由后者不变的假定所产生的结论是,设备的寿命也保持不变(参见注释①)。

③ 似乎很奇怪,由旧设备生产的单位投资产出量比新设备更大。首先,很可能旧设备的生产过程已被完全控制。但这仅仅是解释"悖论"的一个次要因素;实际上,设备利用和劳动组织的许多改进对于新设备也同样适用。m 不变意味着,如果在资本—产出比率中不考虑这个因素,那它只有自始至终地增加。这也解释了另一个"悖论":即尽管在设备利用方面不断改进,但国民收入对固定资本总量的比率保持不变。

④ 若 $w>u$,这为新工厂的就业增加了劳动供给;若 $w<u$,情形则相反。

⑤ 这是当 $a-u>0$ 时的一种情况。如果 $a-u<0$,点 C 当然位于原点 O 之上。

在劳动供给无限的条件下提高国民收入增长率

1. 在参数 m，k，a 和 u 固定不变的情况下，在充分就业的条件下，如第 3 章所示，国民收入增长率 r 不可能超越水平 $\alpha+\beta$。其中，α 表示劳动生产率增长率，β 表示劳动力增长率。由于存在劳动短缺，任何更高的增长率都不可能实现。现在，我们考察一种情况，其特征是存在着劳动储备，例如愿意寻求职业的已婚妇女，如果容易找到职业的话；还有农业中的剩余劳动力，等等。利用这些储备，有可能把就业的增长率提高到 β 以上，从而把国民收入增长率 r 提高到 $\alpha+\beta$ 之上。很显然，这仅仅使劳动供给的障碍在时间上发生移动而已；当劳动储备枯竭时，我们回到了增长率为 $r_0=\alpha+\beta$ 的状态。但是，在劳动储备逐渐被吸收的这段时间内，较高增长率的目的，是要获取国民收入水平的额外增加。

2. 为使问题简化，我们先不考虑耗尽劳动储备的可能性，也就是说，我们假设劳动储备很大，以致在一个很长的时期内也不可能使用始尽。因此，我们暂时撇开同劳动短缺限制有关的一切问题，这样的处理方法，能使我们把注意力集中于其他限制增长率的因素上来。

这一基本因素是：为了提高增长率 r，根据式（2.7），必须

提高生产性积累率 i，即提高国民收入中生产性积累的相对份额。让我们用 i_0 表示同国民收入增长率 $r_0 = \alpha + \beta$ 相应的生产性积累率。如果通过提高就业增长率，我们把国民收入增长率提高到 $r = OL$ 的水平，那么，i 必须从 OA 提高到 OM（见图 4.1）。[①]

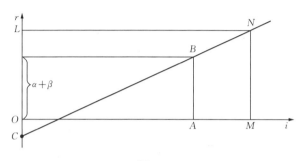

图 4.1

但是，国民收入中生产性积累相对份额的提高，当然意味着消费的相对份额等量下降。短期消费状况的这种恶化，是为提高国民收入增长率所付出的代价，因而也是为长期消费水平付出的代价，更高国民收入增长率的累积效应对长期消费水平产生有利的影响。这样，关于 r 水平的决策，包含了更高增长率产生的不利的短期效应和有利的长期效应之间的调和。在着手分析制定这种决策的过程之前，我们必须更精确地分析一种较高的或较低的增长率对消费的影响。

3. 设国民收入按照一个固定的比率 r 增长。因而在时间 t 它等于 $Y_0(1+r)^t$，其中 Y_0 是初始的收入水平。由于国民收入中消费的相对份额维持在 $1-i$，消费水平在 t 时将为 $(1-i)Y_0(1+r)^t$。如果增长率提高到 r'，国民收入中积累的相对份额必须相应地提高到 i'，所以 t 年之后消费水平将为 $(1-i')Y_0(1+r')^t$。如果用 C_t 和 C_t' 表示在时间 t 可选择的消费水平，那么我们有下列关系：

$$C_t = Y_0(1-i)(1+r)^t$$
$$C_t' = Y_0(1-i')(1+r')^t$$

这些方程可用图形描述，为此采用消费对数处理起来更加方便。我们有：

$$\ln C_t = \ln Y_0 + \ln(1-i) + t\ln(1+r)$$
$$\ln C'_t = \ln Y_0 + \ln(1-i') + t\ln(1+r')$$

以上两式和图 4.2 中的两条直线 C_t 和 C'_t 相应,它们的斜率分别为 $\ln(1-i)$ 和 $\ln(1-i')$。

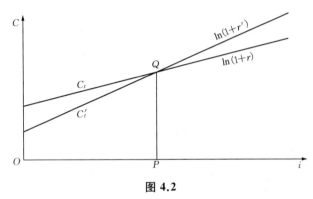

图 4.2

显然,由于较高的增长率,在整个 OP 时期内即交点 Q 的横坐标内,消费水平比较不利,以后就比较有利;考察期越长,相对利益越高。这说明了短期消费和长期消费之间的冲突。

4. 增长率的决策可用下列方式获得。假设某一增长率 r 被认为是可以接受的,将比率提高到 $r+\Delta r$ 还有待于检验,这里,Δr 是一个微小的增量。这暗含需要把生产性积累率提高 Δi。如果用 Y_0 表示当前的国民收入水平,于是消费等于 $(1-i_0)Y_0$;这样,消费不得不减少 $\Delta i/1-i$。同增长率提高的利益相比,这是一种损失。我们可以写出总体上的净利益为:

$$\Delta r - \omega \frac{\Delta i}{1-i}$$

这里,ω 是一个系数,ω 越高,人们对削减短期消费的抵制就越强烈。如果问题是要决定把增长率提高到超过 $r_0 = \alpha + \beta$ 水平有多远,那么可以假设 i 和 i_0 之差越大,ω 将会越高。的确,我们走离初始状态越远,人们对进一步削减国民收入中消费的相对份额的抵制就越重要。

因此,上式可改写如下:

$$\Delta r - \frac{\omega(i)}{1-i} - \Delta i \tag{4.1}$$

这里，$\omega(i)$是一个递增函数。如果这一式子是正值，那么把 i 提高到下面一点就是可取的，在该点有：

$$\Delta r - \frac{\omega(i)}{1-i}\Delta i = 0$$

$$\frac{\Delta r}{\Delta i} = \frac{\omega(i)}{1-i}$$

$$(4.2)$$

这是决定"正确的"i 的条件。比率 $\Delta r/\Delta i$ 只不过是积累率提高 Δi 致使国民收入增长率增加 Δr 的结果。

现在，我们用图形描述决定积累率和增长率的过程。图 4.3 由两部分构成：上面部分和图 4.1 相同，在下面部分中，我们把 i 定为横坐标（如同图 4.3 的上面部分），同时我们用 $\Delta r/\Delta i$ 作为纵坐标。直线 BN 描述图 4.3 的上面部分中 r 和 i 之间的关系，同它相应，图 4.3 的下面部分中有一条水平线 $B'N'$。后者同 i 坐标轴之间的距离为 $1/k$，因为这是直线 BN 的斜率，表示 $\Delta r/\Delta i$ 的量值是由式(2.7)决定的。曲线 $D'K'$ 代表函数 $\omega(i)/1-i$。由于假定 $\omega(i)$ 是一个递增函数，而且 i 上升的分母递减，所以 $\omega(i)/1-i$ 也是一个递增函数，曲线 $D'K'$ 向上倾斜。这条曲线在点 P' 交于水平直线 $B'N'$。

对于比这一点横坐标低的所有 i 数值，我们有：

$$\frac{\Delta r}{\Delta i} = \frac{1}{k} > \frac{\omega(i)}{1-i}$$

因此：

$$\Delta r - \frac{\omega(i)}{1-i}\,\Delta i > 0$$

这就是说，利大于弊，以增加积累为代价提高增长率是可取的。点 P' 表示满足式(4.2)。生产性积累率的相应值 $O'Q'$ 不应当超越，因为任何超越都将意味着：

$$\Delta r - \frac{\omega(i)}{1-i} \Delta i < 0$$

通过将点 P' 映射到图 4.3 上面部分的直线 BN 上，我们找到 r；这给出了点 P，它的纵坐标 OR 等于 r。我们称曲线 $D'K'$ 为"政府决策曲线"，因为它表明，对于给定的 i，$\Delta r/\Delta i$ 的何种数值才能使政府感到满意。$\Delta r/\Delta i$ 值是由生产条件决定的（在我们的例子中是由资本—产出比率 k 的数值决定的），因此"政府决策曲线"同 $\Delta r/\Delta i$ 一起,共同形成了关于生产性积累率 i 和增长率 r 决策的基础。

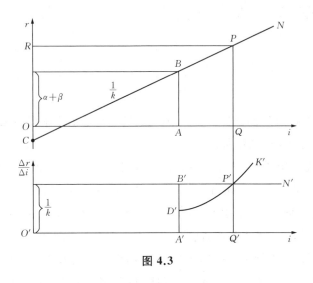

图 4.3

5. 为了简化起见,到目前为止,我们描述了提高生产性积累率的过程,并把它看作是消费从初始状态急剧下降的过程。假如情形确系如此,那么,决策曲线会相当陡直地向上倾斜,其结果是,所决定的增长率不怎么高于 $r_0 = \alpha + \beta$,因为 i 的任何巨增都会导致当前消费,从而实际工资的抑制性恶化。

如果国民收入中生产性积累的相对份额逐渐提高,这个困难可以避免。让我们假设消费与就业同步增长。由于劳动生产率每年按照比率 α 增长,结果国民收入对消费的比率上升更快。在时间 t,这个比率会按 $(1+\alpha)^t$ 比例增加。开始时,国民收入中消费的相对份额是 $1-i_0$。如果国民收入中生产性积累的相对份额提高到 i,消费份额当然必须下降到 $1-i$。国民收入对消费的比率于是从 $1/1-i_0$ 提高到 $1/1-i$,即增加比例为 $1-i_0/1-i$。对于一个足够长的时期,通过使消费与就业而不是与国民收入等比率上升,我们就可以得到这个结果。这个转换时期 τ 的长度由下列方程决定:

$$(1+\alpha)^{\tau} = \frac{1-i_0}{1-i}$$

或者:

$$\tau \ln(1+\alpha) = \ln\frac{1-i_0}{1-i}$$

由此我们得到：

$$\tau = \ln \frac{1-i_0}{1-i} \cdot \frac{1}{\ln(1+\alpha)}$$

由于 α 是一个微小的分数，$\ln(1+\alpha)$ 项近似等于 α。因此我们得到下列近似公式：

$$\tau = \frac{1}{\alpha} \ln \frac{1-i_0}{1-i} \tag{4.3}$$

该式表明，τ 近似地同劳动生产率增长率的倒数成比例。[②]

这个结果对于我们的论证是有意义的。如果我们假定提高增长率需要抑制消费，这种抑制是按照上述方式进行的，那么，实际工资不增加的时期 τ 越长，对提高国民收入中生产性积累的相对份额的反对就越强烈。但是，由于这个时期的长度是同劳动生产率增长率 α 的倒数成比例的，所以 α 越低，对于一定的 i，系数 $\omega(i)$ 会越高。换言之，劳动生产率增长率越低，和一定水平的生产性积累率相应的曲线 $D'K'$ 的纵坐标越高。结果，劳动生产率增长率 α 越低，由这条曲线同直线 $B'N'$ 交点决定的增长率水平就越低。

但是，这不应把提高劳动生产率增长率 α 看作是一纸良方（α 是资本—产出比率不变时技术进步的结果），而应看作是既定的（关于这一点参见第 7 章）。

6.在此，对"政府决策曲线"的性质进行若干深入考察是必要的。从我们的论证可直接引出政府决策曲线的一般特征，就是曲线向上倾斜，这条曲线同生产性积累率 i 一定水平相应的纵坐标越高，劳动生产率增长率就越低。但是，是否有可能用一种精确的方式画出这条曲线呢？在量上决定的这条曲线纵坐标是否同描述增长率 r 和生产性积累率 i 之间关系的 CN 直线的纵坐标相似？答案是明确否定的。我们的曲线仅仅用来说明政府"为将来而牺牲现在"的态度。即使在决策已经作出后，我们也只知道"政府决策曲线"与直线 $B'N'$ 的交点，以及这样的事实，即在一种较高的生产性积累率上，利益得失的差额［如式（4.1）所示］将是负的，而在一种较低的积累率下，该差额将是正的，这就是说曲线向上倾斜。在前例中，它的纵坐标 $\frac{\omega(i)}{1-i} > \frac{\Delta r}{\Delta i} = \frac{1}{k}$，因此，有：

$$\omega(i) = \frac{\Delta(i)}{1-i} > \Delta r$$

而在后例中,情况相反。

在我们的分析中,使用"政府决策曲线"的主要好处,在对一些实例的讨论中是显而易见的。在这些例子中,增长率 r 和生产性积累率 i 之间的关系,不同于直线 BN 所表达的关系(例如在讨论外贸平衡困难和劳动力短缺的影响问题中)。的确,"决策曲线"的概念将使我们能说明,政府"为未来而牺牲现在"的态度给定,r 和 i 之间关系的变动对选择国民收入增长率的影响。

注　释

① 这是一种对提高国民收入增长率问题过于简化的描述。为了把 r 提高到水平 OL,正如正文所说,生产性积累率首先得提高到水平 OM。但很明显的是,由于国民收入更快地增长,同时设备的寿命保持不变,仍为 n,直线 CN 会向上移动(保持相同斜率),因为在下列方程中,折旧参数 a 会下降。

$$r = (1/k)i - (m/k)(a - u)$$

的确,如果增长率在 r_0 保持不变,a 只能保持不变;增长率提高到水平 OL 意味着和设备寿命 n 相应的旧生产能力退役,会同一种更高的国民收入水平相联系,它比增长率维持在水平 r_0 时更高。因此,CN 上移,积累率 i 略低于 OM。这种情形会持续 n 年,在这 n 年结束时,在提高增长率以前建立起来的一切设备将会报废。于是,积累率将返回到水平 OM,并且在经过若干波动之后,实际上会稳定下来。但它的水平仍会略低于 OM,因为由于恒速增长,a 是 r 的一个递减函数。参见第 3 章注释②。

② 提高生产性积累率的决策,不可能立即引起转换时期内发生生产性投资增长的加速,因为建造新厂需要时间(让我们回忆一下,本书通篇使用的"投资"术语,是指一年内交付的设备量;在建资本的增加列入"存货增加";见第 1 章第 2 节)。因此,在一段与建设周期长度相同的时间里,生产性投资和国民收入增长都没有加速。但是,在建资本的增加是加速的,而其他存货的增加则减慢,存货总增加保持不变。的确,根据我们的假设,存货总增加,不论它的结构怎样变化,同国民收入的增加是成比例的,这种存货的总增加在同建设期相同的准备期内不会加速。结果在这个时期中,实际工资仍按一个非递减的比率增长。它的增长只有在投资加速增长开始发生之时才告中止;从这时起,在时期 τ 内,实际工资保持在一

个固定的水平上。因此,实际工资的稳定时期并不因为考虑了建设周期而延长,只是制定提高增长率决策的时间起点被推延了。

　　在现实生活中,消费向投资转移,确实导致了存货增加的加速上升,因为在建资本对投资的比率高于消费对其存货的相应比率。为了简化起见,我们不考虑这个问题(见第2章第4节)。因此,在一个向更高的增长率转换时期,有关实际工资的状况,实际上比我们简化假定所产生的结果更为不利。

在劳动供给有限的条件下提高
国民收入增长率

1. 第 4 章,我们假定劳动供给是无限的。现在,我们考察一种更为现实的情况,即劳动储备是有限的。因此,如果增长率 r 超过水平 $r_0 = \alpha + \beta$,这种储备最终会被吸收殆尽。这样,国民收入增长率便会退回到上述水平 r_0。同时,国民收入中生产性积累的相对份额会降回到 i_0,消费的相对份额会达到 $1-i_0$。这个过程的结果是:国民收入的额外增加,在某种程度上,同劳动力超过初始状态下的实际就业量相应。在劳动储备耗用完后,由于国民收入中消费的相对份额恢复到水平 $1-i_0$,结果,消费额外比例的增加(与按 r_0 的比率增长相比),与国民收入额外比例的增加是相同的。

我们通过下面的例子来说明这种情况,在这个例子中,第 4 章的讨论也一并考虑进来。让我们假定每年劳动力增长率 $\beta = 1.5\%$;劳动生产率增长率 $\alpha = 5.5\%$;结果初始状态下的国民收入增长率 $r_0 = 7\%$。假定通过利用劳动储备,国民收入增长率提高到 $r = 8\%$ 的水平。但是,增长率的这种提高是逐渐实现的,以致实际工资在整个转换时期维持在一个固定水平。而且假定,在初始时期,国民收入中生产性积累的相对份额 $i_0 = 26\%$。为了把 r 提高到每年 8% 的水平,需要把这个份额提高到 29%（与此相应的资本—产出比率 $k=3$）。由式（4.3），于是我们得到：

$$\tau = \ln \frac{0.74}{0.71} \times \frac{1}{0.055} = 0.8 \text{ 年}$$

在这个期间，平均的年增长率约为 7.5%。我们假定在随后的三年时间内（其中增长率为 8%），劳动储备被用完。因而，在整个时期中，国民收入按照 $(1.075)^{0.8} \times (1.08)^3 = 1.33$ 的比例增加。如果增长率过去维持在 $r=7\%$ 的初始水平，那么，国民收入会在同一时期按照 $(1.075)^{3.8} = 1.28$ 的比例增加。因此，吸收多余劳动使国民收入发生额外增加，增加的比例为 $1.33 \div 1.28 = 1.04$，即 4%。当吸收了劳动储备，并且增长率恢复至 7% 时，国民收入中生产性积累的相对份额就降回到 26%，消费的份额上升到 74%（即回到增长率如果维持在初始水平会有的那一比例）；作为这一过程的结果，消费额外比例的增加因而等于国民收入额外比例的增加，即等于 4%。

2. 可见，只有在一个有限的时期内，加速增长才带来确实的利益；但能否认为它与增长率持久地增加是同一件事呢？肯定答案唯一可能的论据是，在回到较低的初始增长率同时，我们回到生产性积累和消费之间的最初比例。然而，这个论据会遭到如下反驳：即使一个较高增长率无限延续下去不存在天然的障碍，但这并不排除随着生产性积累率的相应下降，在某个时候返回到初始比率的可能性。但是，如果这些障碍确实存在，我们最后不得不返回到初始状态，除非我们求助于机械化，但这需要额外的投资支出（这个问题在第 6 章予以更详细的讨论）。因此，很清楚，在一个有限的时期内把增长率从 r_0 提高到 r，肯定比长久地提高这个比率来得不利。

因此，我们可以说，在一个有限的时期，增量 $r - r_0$ 能够借助函数 $f(r - r_0)$ 以持续增加的方式来表示，所以：

$$f(r - r_0) < r - r_0$$

此外，这个函数具有下列性质：

（a）当 r 值为 r_0 时，不会出现劳动储备枯竭的问题，因此 $f(0) = 0$。

（b）如果 $r - r_0$ 等于一个微小的分数 δ，那么，在一个很长时期之后，劳动储备将会耗竭。可以认为，这相当于一个无限的时期。因此，我们有 $f(\delta) = \delta$。把 $f(0) = 0$ 考虑进来，我们得到：

$$\frac{f(\delta) - f(0)}{\delta} = 1$$

这表示，对于 $r = r_0$，函数 f 的导数等于1。

（c）最后，我们假定 f 是一个递增函数，但是当 $r - r_0$ 增加时，$r - r_0$ 和 $f(r - r_0)$ 之间的差额也增大。的确，$r - r_0$ 越高，既定劳动储备被消耗得越快，$r - r_0$ 和 $f(r - r_0)$ 之间的偏差也越大；结果，函数 f 的导数是正的，表达式 $(r - r_0) - f(r - r_0)$ 的导数也是如此。因此，我们有：

$$\frac{\Delta f(r - r_0)}{\Delta r} > 0$$

又：

$$1 - \frac{\Delta f(r - r_0)}{\Delta r} > 0$$

因此：

$$0 < \frac{\Delta f(r - r_0)}{\Delta r} < 1$$

可是，在 $r = r_0$ 的情况下，下列不等式得不到满足，即：

$$\frac{\Delta f(r - r_0)}{\Delta r} < 1$$

因为，正如性质（b）所示，当 $r - r_0$ 很小时，我们可以忽略劳动储备枯竭，所以，对于 $r = r_0$，导数等于1。因此，我们可以最终写成：

$$对于 \ r = r_0, \ \frac{\Delta f(r - r_0)}{\Delta r} = 1$$

$$对于 \ r > r_0, \ 0 < \frac{\Delta f(r - r_0)}{\Delta r} < 1$$

这些结果使我们现在能考察在劳动储备有限的情况下增长率的决定。在劳动储备无限的情况下，增长率提高 Δr 的利益得失差表示如下：

$$\Delta r - \frac{\omega(i)}{1 - i} \Delta i$$

由于在劳动储备有限的情况下，r 的"对等值"为 $r_0 + f(r - r_0)$，可见，我们必须在这个表达式中引进 $\Delta f(r - r_0)$ 取代 Δr。因而我们得到：

$$\Delta f(r - r_0) - \frac{\omega(i)}{1-i}\Delta i$$

或者：

$$\frac{\Delta f(r - r_0)}{\Delta r}\Delta r - \frac{\omega(i)}{1-i}\Delta i$$

因此，决定国民收入增长率的条件现在为：

$$\frac{\Delta r}{\Delta i} = \frac{\omega(i)}{(1-i)\dfrac{\Delta f(r - r_0)}{\Delta r}}$$

反之，由于劳动储备是无限的，决定增长率的条件为：

$$\frac{\Delta r}{\Delta i} = \frac{\omega(i)}{1-i}$$

在图 5.1 中，决策曲线 $D'K'$ 表示劳动储备无限的情况，它的纵坐标由表达式 $\omega(i)/1-i$ 决定。决策曲线 $D'L'$ 表示劳动储备有限的情况，它的纵坐标由下面表达式决定：

$$\frac{\omega(i)}{(1-i)\dfrac{\Delta f(r - r_0)}{\Delta r}}$$

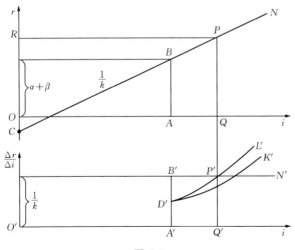

图 5.1

对于 $r=r_0$，由于 $\dfrac{\Delta f(r-r_0)}{\Delta r}$ 等于 1，对于 $r>r_0$，$\dfrac{\Delta f(r-r_0)}{\Delta r}$ 小于 1（但为正），两条曲线有一共同的起点，但它们有差异，$D'L'$ 位于 $D'K'$ 之上。

结果，"决策曲线"和水平线 $B'N'$ 的交点，在劳动储备有限的情况下移到了左边。因此，在这样的场合，国民收入中生产性积累的相对份额 i 和增长率 r，趋于固定在一个比劳动供给无限的情况下更低的水平上。这可以解释为劳动供给障碍对增长率的影响；有限的劳动储备仅仅可能使这种障碍发生移动，但不可能完全消除这种障碍。

外贸平衡是限制增长率的因素

1. 在第 5 章,我们讨论了劳动储备给定的情况下,国民收入增长率的选择问题。在这样一种情况下,增长率的主要制约因素,是以短期消费水平的负效应方式表现出来的"代价"。但是,这不是除劳动短缺限制增长率之外的唯一因素。加速增长的另一障碍,是外贸平衡方面的困难,如下所见,增长率越高,这个问题越严重。

回想一下,首先根据我们的假定,经济既不提供也不接受外国的贷款,但它的外贸必须平衡。因此,进口的任何增加,必须由出口的等量增加来偿付。

在经济发展过程中,进口需求在增加,结果,为支付进口,也需要出口增加。可以推论,国民收入增长率 r 越高,出口增加必须越快,从而出口产品的销售也越困难,因为对某一国产品的国外需求是有限的。一个更高的增长率,在其他条件都不变的情况下,需要更加努力地扩大出口或限制进口。扩大出口的努力同下列方式相联系:在若干市场上降低某些产品的出口价格,转向不太有利的市场,或在出口商品清单上列上微利的项目。减少进口的努力,当然包括用国产商品替代进口商品。

在所有这些场合,与所含资本支出和劳动支出相应的国民收入增长会趋于下降。确实,如果外贸平衡,根据我们的定义,国民收入等于按不变价格计算的生产性积累和(广义)消费的总和。但在上述情形中,为获得某些商品而需要的支出会增加——因为这些商品的进口或者由大量的出口来支付,或者由不同结构的出口来偿付,后者需要较高的支出;因为由国内生产过去进口的商品所需要的支出,高于为换取进口商品而生产出口商品所需要的支出。

总而言之,把增长率维持在一个较高水平所作的种种努力,将会减少与既定支出相应的国民收入增量,增长率达到的水平越高,这种减少的幅度越大。

2. 上述现象出现,是以出口商品销售中遇到的困难为背景的,因为,为了偿付进口成本,出口必须同快速增长的国民收入一起增加。然而,这并非国民收入高增长率下外贸平衡困难的唯一来源。当增长率超过一定的水平时,由于下面较多论及的某些技术和组织的因素,国民经济中某些产业的产出,特别是那些生产原材料的产业,落后于社会对这些产品的需求。因此,或者这些产品的进口需求增加,或者它们的出口潜力减少。结果出现外贸缺口,这要求在扩大出口或以国内生产替代进口方面作出适当的努力,而这又趋于减少与既定支出相应的国民收入增量。

限制各特定产业增长率的技术与组织因素,具有各种各样的性质。最简单的例子就是自然资源(矿藏、森林、鱼类)的有限性。

此外,执行经济发展计划的经验表明,每当一个特定产业的扩张超过一定的比率时,即使财力充裕,也会出现不可逾越的困难。某些项目,譬如煤矿建设的长期性,在这里起着重要作用。

确实,在一个特定产业的扩张率既定的情况下,在建项目的数量,同建设期的长度成比例。如果这个时期很长而且扩张率很高,那么,不同建设项目的数目会非常之大,以致可供利用的技术及组织人员缺乏,不能有效地管理这些项目。结果,建设周期更长,超量的建设项目引起资本冻结,而不是各产业更快的扩张。必须牢记,建设工厂所需要的技术和组织人员,比在未来管理这个工厂的人员,必须有更高的技能。

但是,自然资源有限和建设周期长,并不是阻碍经济体系中各个部门扩张率的唯一的技术和组织因素。招收特种职业(例如煤矿开采)工人的困难,和掌握新技术工艺所需要的时间,我们也应当考虑进来。

农业是一个特殊的例子,那里,自发因素始终存在于生产发展之中。特别是,高技术的引进在那里需要很长的时间。

3. 现在,我们回过来讨论外贸平衡困难对国民收入增长率的影响。

我们再把增长率 $r_0 = \alpha + \beta$ 作为初始状态,其中 α 表示产生于技术进步的劳动生产率增长率,β 是劳动力的自然增长率。在劳动力供给无限的条件下,国民收入增长率提高,为此,生产性积累率从 i_0 上升到 i。如果这种加速并不引起外贸平衡的困难,那么,增长率就会从 r_0 提高到 ρ 的水平。ρ 作为 i 的函数,由直线 BN 的纵坐标表示(见图 6.1)。这样,国民收入 Y 的年增量为 ρY;但是,从上可知,由于外贸平衡困难,这一增量将为 $rY < \rho Y$。因此,增长率将低于 ρ。而且,i 和 ρ 值越高,外贸困难越大,比率 $\dfrac{r-r_0}{\rho-r_0}$ 越低。在图 6.1 中,如上所示,直线 BN 表示 ρ 和 i 之间的关系,而 r 和 i 之间的关系现在可由曲线 BS 给以描述。可以看到,图中这条曲线在点 S 处开始变得平坦起来。这就是说,由于外贸上的困难,增长率 r 不可能超过一定的水平。在现实生活中,情况也确实如此。在一定的增长率水平上,促使出口达到均衡的一切努力,不再产生积极的结果。出口价格进一步下跌,并不产生任何有益的效果。因为它增加出口数量,但并不增加出口的外汇价值——数量增加被价格下降所抵消。不利的市场和微利商品已被利用到了它的极限。对于进口替代方面可能的投资来说,情况也是如此。因此,国外市场有限性产生的外贸困难,同阻碍各个产业发展的技术和组织因素一起,确定了增长率的最高限度。

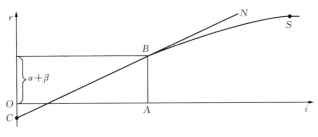

图 6.1

4. 如上所述,外贸遇到困难,会引起国民收入每单位增量的资本支出和劳动支出增加,就较高的劳动支出来说,这相当于国民收入增量内含的生产率(即边际生产率)相对下降。这导致了平均劳动生产率增长率下降,以致低于技术进步产生的比率 α。[①]

在转换时期,不管提高劳动生产率与否,通过使实际工资保持稳定,生产性积累率从 i_0 提高到 i,转换时期 τ 被拉长。

5. 图 6.2 中,增长率的决定是用一种和图 4.3 类似的方法描述的。由于在曲线 BS 上的任何一点的切线斜率,低于直线 BN 的斜率,曲线 $B''S'$ 表示 $\dfrac{\Delta r}{\Delta i}$,位于直线 $B'N'$ 之下,直线 $B'N'$ 相应的斜率为 $\dfrac{1}{k}$。此外,由于曲线 BS 的斜率随着 i 的上升而递减,在点 S 达到零。所以,曲线 $B''S'$ 向下倾斜,在点 S' 交于 i 轴,在点 S 下垂直。

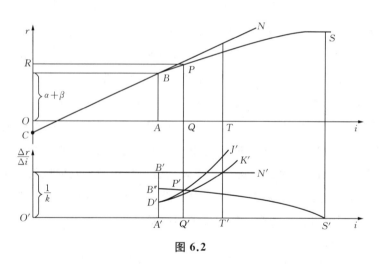

图 6.2

由于 $D'J'$ 是一条"政府决策曲线",概念上与图 4.3 中的曲线 $D'K'$ 相同。但是,由于外贸平衡困难,曲线 $D'K'$ 需要进行修改。如上所说,由于外贸平衡方面的困难,转换时期 τ 延长;在此期间,生产性积累率从 i_0 提高到 i,同时实际工资保持不变;结果,在描述提高增长率的利益得失平衡的表达式中,系数 $\omega(i)$ 增大,即:

$$\Delta r - \frac{\omega(i)}{1-i}\Delta i$$

这个公式反映了提高国民收入中积累相对份额 i 的条件恶化的事实,因此,使 i 增加 Δi 的"成本"上升。结果,适当的"决策曲线" $D'J'$ 位于曲线 $D'K'$ 之上,曲线 $D'K'$ 并未考虑外贸平衡的困难对提高增长率的影响。

像图 4.3 那样,生产性积累率和国民收入增长率由 $D'J'$ 和 $B''S'$ 的交点 P' 决定,它映射于曲线 BS 上。如果外贸困难略而不论, i 和 r 就由水平线 $B'N'$ 和曲线 $D'K'$ 的交点决定,它映射到直线 BN 上。可见,外贸平衡困难导致选择一个远为更低的增长率;首先,政府把生产性积累率定在比 OT 更低的水平 OQ 上;其次,与它相应,点 P 落在曲线 BS 上,后者位于直线 BN 之下。

6. 很可能曲线 $B''S'$ 的起点 B'' 与决策曲线的起点 D' 是同一个点。当然,这表示政府不会提高增长率,使之超过水平 $r_0 = \alpha + \beta$; r_0 决定于由技术进步产生的劳动生产率增长率和劳动力自然增长率。

点 B'' 位于 D' 之下也是可以想象的(见图 6.3)。这是否表示政府降低增长率使之低于 r_0 的水平呢?

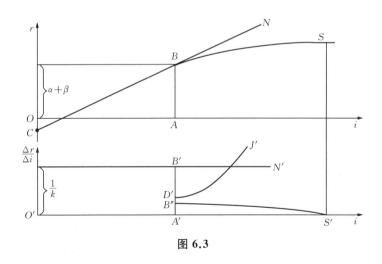

图 6.3

由于假设政府不愿意接受日益增长的失业,所以可以假定"决策曲线"急剧降落到点 D' 的左端,以致曲线 $B''S'$ 和 $D'J'$ 实际上相交于点 B'',因此,增长率等于 r_0。

很显然,这里考察的情况,即决定不让增长率超过 $r_0 = \alpha + \beta$,即使没有外贸方面的困难也可能出现。但是,这些困难增大了这种可能性。因为,这

些困难对位于直线 $B'N'$ 之下的曲线 $B''S'$ 发生作用。

7. 现在,让我们引进有限的劳动储备问题。曲线 BS,因而曲线 $B''S'$ 不会受影响。劳动储备受限制的事实,正如在第 5 章中的论证那样,会在"决策曲线" $D'I'$ 的位置上反映出来(见图 6.4)。这条曲线与劳动储备无限的决策曲线 $D'J'$ 有一个共同的起点,但是由于高于 i_0 的 i 值位于 $D'J'$ 的上方。外贸困难趋于使曲线移动得更远,因为这些困难致使劳动储备更快地被吸收,因而劳动生产率增长率下降(见本章第 4 节)。

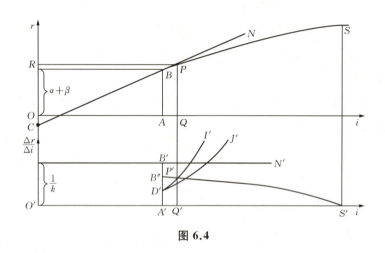

图 6.4

国民收入增长率在曲线 $B''S'$ 和 $D'I'$ 的交点即点 P' 给出,当然,它低于劳动储备无限情况下的增长率,后者由曲线 $B''S'$ 和 $D'J'$ 的交点决定。

8. 应当注意,在长期计划中,估计外贸对国民收入增加(与既定支出相应)的影响,实际上总是带有假设性的。因此,不确定性会引起接受相当"保守"的估计,这样最终导致选择一种相对低的增长率。所以,采用长期贸易协定来消除这种不确定性,如社会主义阵营内缔结的协定那样,有利于支持一种较高的国民收入增长率。显然,这种协定并不解决出口扩大的销售问题。当对方不愿大批量接受某些商品时,就需要提供一些薄利项目,有时甚至完全不可能增加出口,使之超过一定的水平。但是,协定的结果是实在的,而非不确定的预测;因此,对待这些协定的结果,不必像预期外贸的未来前景那么谨小慎微。

可见,通过预先决定社会主义国家未来对外贸易的主要方面,各国之间的长期贸易协定有助于加速它们的经济发展。

9. 在本章结束之前,考察本章讨论的问题在一个自给自足的封闭经济中是否会消失,颇为有益。只要经济发展不遇到瓶颈,情况也确实如此,正如第 2 节讨论的那样。另一方面,如果由于国民收入增长率很高,由于技术与组织因素的影响,各产业的产量会落后于需求,这样,阻碍发展的因素在没有外贸情况下会进一步增大。的确,某些出口商品不受技术与组织因素限制就能扩大生产,用这些出口商品换取进口商品,来填补这个缺口是不可能的。解决长期瓶颈唯一可能的方法,与前几节讨论国产替代进口相应,就是生产稀缺商品的替代品。在许多情况下,这种方法比扩大出口不利得多。

注　释

① 如果假定这里采用的劳动边际生产率自始至终保持不变,假定排除技术进步的影响,此外,如果还像上面那样假定这个生产率低于初始时期整个经济的平均生产率,后者在那个时期新技术的基础上计算出来的——这样,很显然,平均生产率的增长率与 a 的偏离越来越小,逐渐地接近这个水平。

加速劳动生产率增长的途径：
提高资本—产出比率或缩短设备寿命

1. 在第 4 章和第 5 章中，我们讨论了这样的情况，即由于参数 m，k，a 和 u 保持不变，劳动储备的存在有可能提高增长率。现在，我们假定在初始状态下不存在非充分就业问题。由于把劳动力增长率看作是既定的，所以，在这种情况下，仅仅通过提高劳动生产率增长率就可能实现加速增长。通过改变上述参数中的某一个，就能做到这一点：

（a）提高资本—产出比率 m，因而也提高参数 k[①]；

（b）缩短设备寿命，使得折旧参数 a 提高。

首先考察提高资本—产出比率的效应。为了给这一讨论奠定基础，我们先必须简要地讨论一下"生产函数"和技术进步问题。

2. 让我们考察这样一个问题：利用新投资生产国民收入一个增量可以有不同的方法。我们假定这个增量具有一定的结构，换言之，它由一定数量的各种不同的最终产品组成（这些产品在考察期内不再通过进一步的制造过程）。通常，这些产品的每一组，或更确切地说，每一组相近产品，可由 n 种不同的生产方法生产出来，这些方法以一定时期的技术知识为基础。因此，为生产一定的国民收入增量，存在着无数种变式

（variants），其中每一种变式由生产特定种类商品的各变式的一个组合构成。让我们用 S 表示商品种类数，N_1 表示第一组产品的变式数目，N_2 表示第二组产品的变式数，N_S 表示第 S 组产品的变式数目。于是，所有种类商品的组合总数为 N_1、N_2、$\cdots$、N_S，S 值越大，组合数目也将越大，尽管我们对于每一种类商品只有两种选择。

当生产在它所有的阶段被考察时，每一种变式以投资和劳动的特定支出为特征。在生产国民收入一定增量的所有可能的变式中，我们摒弃那些在投资和劳动投入方面比其他变式更糟糕的变式，这些变式要求两种要素有较高的支出（或者一种要素具有相同支出而另一种要素具有较高的支出），也就是绝对低劣的变式。于是，我们留下的仅仅是那些较高投资同较少劳动相结合的变式，或者较少投资同较多劳动相结合的变式。这些可在图上表现出来，如图 7.1 所示。

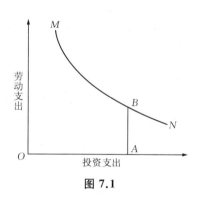

图 7.1

我们把生产国民收入一定增量所需要的投资支出作为横坐标，把生产国民收入一定增量所需要的劳动支出作为纵坐标。这样，每一种变式将由曲线上的不同的点表示。很清楚，一组可接受的变式，可以用一条向下倾斜的曲线，例如 MN 来描述。确实，对于任何既定的投资支出 OA，只有一种劳动支出 AB 与此相应。如果劳动支出有两种可能的相应值，那么，包含较高劳动支出的这种选择就不利，而且会被摒弃。曲线向下倾斜，正如已经指出的那样，这是因为较高的投资支出同较低的劳动支出相联系。曲线 MN 被称为"生产曲线"。②

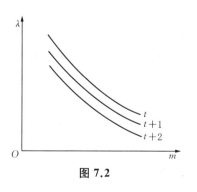

图 7.2

如果这条曲线涉及一个单位的国民收入增量，那么，投资支出等于资本—产出比率 m，后者仅仅是每单位国民收入增量的投资支出（见第 2 章第 2 节）。让我们用 λ 表示单位国民收入增量的劳动支出。相应地，我们在横轴上标以 m，在纵轴上标以 λ

（见图 7.2）。

如上所说,在时间 t,生产曲线以那时具有的技术知识主体为基础,这种知识主体是以前技术进步的结果。但是,技术进步并不在时间 t 上停止下来,它表现为生产曲线下移,这种下移采取一种连续的状态 $t+1$, $t+2$ 等等。因此,由于技术进步,λ 同一定的 m 相应,趋于稳步下降。如果劳动支出 λ 同一定的 m 相应,按照一个固定比率递减,我们称技术进步是"恒速的"(uniform)。这就是说,对于一个固定水平的资本—产出比率 m,新厂的劳动生产率也按一个固定比率增加。前几章考察的就是这种情形。

对于一定的 m,单位劳动支出 λ 相应有一个固定的递减率,因而也有一个确定的劳动生产率增长率,由此事实不一定能得出结论说,对于资本—产出比率的所有数值 m 来说,这个比率都相同。图 7.3(a)描述了这样一种情况,这种情况是可能的,但并非不可避免。可以想象,m 数值越高,λ 的递减率(或生产率的增长率)越高[图 7.3(b)],反之亦然[图 7.3(c)]。

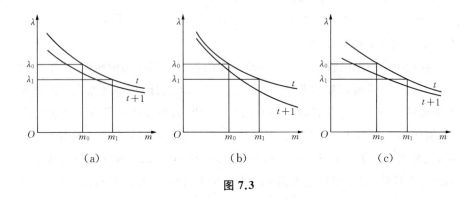

图 7.3

在图 7.3(a)中,向更高的资本集约程度移动(从 m_0 到 m_1),导致了新工厂生产率的一次性增加,但并不提高这个生产率的增长率;我们把这样的技术进步描述为"中性的"。在图 7.3(b)中,资本集约程度越高,生产率的增长率越高;我们把这种类型的技术进步描述为"鼓励资本集约的"。最后,在图 7.3(c)中,资本集约程度提高引起新工厂生产率水平的上升,同时导致了劳动生产率的增长率下降。因此,这个类型的技术进步被描述为"不鼓励资本集约的"。

关于"鼓励资本集约的"技术进步,我们可以给出下列例子。假定每一组产品有两种变式:A 具有较低资本集约程度,B 具有较高资本集约程度。此外,还假定在新发明的变式中,资本集约程度在所有情况下都等于 B 的资本集约程度。生产率水平当然在那些新发明的变式中较高,所以,对于各组产品来说,所有从前的变式 B 必须摒弃,代之以新发现的方法。但是,没有更重要的理由要放弃变式 A,因为变式 A 的资本集约程度低于新方法的资本集约程度。

如果 m 给定,让我们考察这种类型技术进步的反响。在时间 t,对于一定的 m,各组产品的变式相应有一个确定的组合:在某些情况下是组合 A,在另一些情况下则是组合 B。在时间 t+1,根据上面所说,在所有新的发明已经发生的情况下,变式 B 将被新发明的方法所取代。但是,如果 m 保持不变,变式 A 不一定受影响,因为如果变式 A 被新发明的资本集约化变式 B 取代,那么 m 就会发生变化。现在容易发现,这里的技术进步乃是"鼓励资本集约的"。确实,m 值越高,较多资本集约的变式 B 影响也越大。因而,用新发现的方法进行替式的范围越大,生产率的增长率越高。

对于"不鼓励资本集约的"技术进步来说,可以给出下列情况作为例子。让我们假定新发明的变式具有和变式 A 相同的资本集约程度;并假定变式 A 的生产率水平虽然提高,但在考察的年份中始终低于变式 B 的生产率水平。结果,每当出现新发明时,变式 A 必须摒弃并被新发现的技术取代。但是,没有更重要的理由放弃变式 B,因为按照假设,变式 B 具有比新发明更高的生产率。到了 t+1 时,通过新发明的技术代替变式 A,与 t 时一定 m 相应的各个产品的变式组合已经发生变化,新发明的技术代替了变式 A,而变式 B 仍然不变。如果变式 B 要被 A 的资本集约化新技术代替,那么 m 就必须变化。m 值越高,资本集约程度较低的变式影响越小;结果,用新发现的技术进行替换的范围较小,生产率的增长较低。因此,这是一种"不鼓励资本集约的"技术进步情况。

3. 现行的技术进步类型,绝不代表经济发展实际所走的道路。例如,如果技术进步是"鼓励资本集约的",那么,这并不意味系数 m 一定要增加。从图 7.3(b)可见,在这样一种情况下,即使 m 保持不变,我们也会获得新工厂生产率的有规则增长。相比之下,在中性技术进步情况下,m 没有必要保持不变;我们可以逐渐提高 m,并且按照这个方法,在生产曲线下移时,使 m 沿着这条曲线向右移动,可以达到生产率的更快增长。当技术进步是"鼓励资本集约的"时候,这样一种运动显然诱人得多。因为这样,对于更高的资本—产出比率,我们也赢得了更高的生产率增长率的利益。

在下面论述中,我们将着重详细讨论资本—产出比率一次性提高的影响,同资本—产出比率连续不断增长的情况相比,这是一种比较简单的情况。我们也将分析解释后一种比较复杂的情况,但只用一般方式加以讨论。

4. 现在,我们考察提高资本—产出比率对平均劳动生产率增长的反响。我们首先以中性技术进步为例。如果在时间 t,资本—产出比率从 m_0 提高到 m_1,这包含了生产率的上升,后者同所需要的劳动数量相对下降的倒数成比例,即按照比例 $\frac{\lambda_0}{\lambda_1}$ 上升[见图 7.3(a)]。这显然适用于新工厂的劳动生产率。就资本设备总量而论,调整到更高的资本—产出比率是逐渐实现的。每年有一些以"旧"技术为基础(和 m_0 相应的)设备报废,有些以"新"技术为基础(与 m_1 相应)的设备增加进来。这一过程持续的时间越长,资本设备总量的"重置"部分就越大。最后,在一段长度为 n 的时期以后,n 等于设备的寿命,也就是在以"旧"技术为特征的设备完全消失以后,所有固定资本有一个资本—产出比率 m_1,并且劳动生产率相应更高。因此,新工厂即时实现的生产率提高要渗透到固定资本总量中去,需要花 n 年的时间。

在这期间,平均劳动生产率的增长比率高于技术进步所产生的比率。在资本—产出比率从 m_0 提高到 m_1 后,由技术进步产生的平均生产率增长率仍然保持不变,因为我们这里讨论的乃是中性技术进步。从报废的旧工厂释放出来的劳动力和自然增长的新劳动力,它们生产的产量比 m 不提高时的产量高。因此,当旧设备退役导致的国民收入损失保持不变时,国民收入增量由于新投资而增加。在"重置"期初,生产率的增长率和 α 两者之差最大;当更高的资本—产出比率和更高的生产率越来越扩散于资本设备存量之时,新投资对于提高总资本—产出比率和总生产率所起的作用也成比例减少,因为新投资与资本设备存量的差异越来越不明显。事实上,当所有固定资本被"重置"时,提高劳动生产率增长率的过程就中止。的确,在这一点上,下面两个条件是成立的:

(a) 全部设备存量具有和新投资相同的资本集约程度和生产率;

(b) 国民收入损失因旧设备退役也相应增大。因此,生产率增长率返回到技术进步产生的正常水平,同时国民收入增长率返回到水平 $\alpha+\beta$。图 7.4 描述了在"重置"时期国民收入增长率和生产率的变动,其中 δ 表示那个时期开始时生产率增长率的增量。在整个"重置"时期,生产率增长率(阴影部分)从 $\alpha+\delta$ 降到 α,国民收入增长率从 $\alpha+\delta+\beta$ 降到 $\alpha+\beta$。在"重置"期结束时,这些比率急剧下降,反映了退役的设备也开始具有较高的劳动生产率。

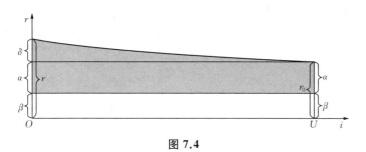

图 7.4

在"鼓励资本集约的"技术进步情况下,这个过程将遵循一条不同的道路。在这种情况下,选用一个更高的资本—产出比率,不仅会导致新工厂生产率一次性增加,而且会引起这个生产率增长率提高。因此,"重置"过程赋予资本设备存量以一种更高的资本集约程度,在 n 年后,当这个过程完成时,生产率增长率并不回到初始水平 α,而是稳定在一个更高的水平 α' 之上。在"重置"期间,放慢固定资本向更高的资本集约程度——最终向更高的劳动生产率——调整的速度,至少通过新工厂生产率按 α' 的比率 $(\alpha'>\alpha)$ 提高所产生的日益扩大的影响得到补偿。

现在,我们考察通过缩短设备寿命提高生产率的问题。设备的寿命越短,平均劳动生产率越高,因为这个平均值更接近新工厂的生产率水平。换言之,资本设备存量的平均寿命越短,平均的劳动生产率越高。

现在假定,设备寿命最初为 n。如上所述,通过设备寿命逐渐缩短到 n',固定资本的"年轻化"会导致平均劳动生产率的提高。但是,这种提高实现后,生产率增长率会降到初始水平 α,国民收入增长率降到 $\alpha+\beta$。这同固定资本"重置"情况下,为提高中性技术进步条件下固定资本集约程度而发生的情况相似;那里,在赋予固定资本总量更高的资本集约程度后,生产率的增长率也会降回到初始水平。

假定固定资本"年轻化"是通过提高陈旧生产能力退役的比例 a/a_0 实现的,其中,折旧参数 a_0 同设备寿命 n 和固定的增长率 $r_0 = \alpha + \beta$ 相应,但参数 a 同一个更短的寿命 n' 和同样的增长率相应。

可见,"年轻化"期初存在的设备在 n' 年后将退役,因此"年轻化"过程于是将结束。[③]而且,实际的折旧参数显然近似于"年轻化"过程第一年中的 a,因为国民收入同未"年轻化"时的国民收入几乎没有什么不同,同时由于旧生产能力退役,产量的损失按照比例 a/a_0 增加。最后,可以充分证明,"年轻化"过程完成之后,体系回到比率为 r_0、折旧参数为 a 的恒速增长状态。[④]

注　释

① 回想一下,m 只是固定资本的资本—产出比率,k 是固定资本加存货的资本—产出比率。

② 令人怀疑的是,中央当局是否有能力检验大量变式,以摒弃那些相对某些被选择的变式来说绝对低劣的变式。但是有可能表明,如果在经济体系的各个部门,在各种可选择的变式中进行选择,是以投资效率的估计为基础的,那么这些变式就会自动消失(见第一篇末尾的附录,由此也可知,生产曲线是凹向原点的)。

③ 让我们用 P_1,P_2,$\cdots$,P_n 表示初始状态下同前 n 年投资 I_1,I_2,$\cdots$,I_n 相应的生产能力。由于 u 因子的存在,P 与 I 不成比例(见第 3 章第 2 节)。那个时点上存在的生产能力总量因而等于 $P_1 + P_2 + \cdots + P_n$。因此,在没有"年轻化"的情况下,在以后 n 年内退役的生产能力将是 P_1,P_2,$\cdots$,等等。因子 a/a_0 同这些量相乘,我们得到 $P_1(a/a_0) P_2(a/a_0)$,$\cdots$,等等,表示初始状态中存在且逐年退役的生产能力。但从第 3.2 节中可知,恒速增长:

$$\frac{a}{a_0} = \frac{P_1 + P_2 + \cdots + P_n}{P_1 + P_2 + \cdots + P_{n'}}$$

因此,在 n' 年过程中,初始状态下存在的生产能力总量将退役:

$$(P_1 + P_2 + \cdots + P_{n'}) \frac{P_1 + P_2 + \cdots + P_n}{P_1 + P_2 + \cdots + P_{n'}} = P_1 + P_2 + \cdots + P_n$$

④ 让我们首先假设没有"年轻化"的意图,恒速增长过程将按 r_0 的速度延续 n 年。我们用 Q_1,Q_2,$\cdots$,Q_n 表示期末的生产能力,它是由那个时期连年的新投资创造的。很清楚,$Q_1 = P_1(1+r_0)^n$;$Q_2 = P_2(1+r_0)^n$;$\cdots$,等

等。这里 P_1，P_2，…，等等同注释③具有同样的含义。现在，生产能力 Q_1 被分为两部分：一是由生产能力 P_1 报废而释放出来的劳动力操作的部分；二是由新增劳动力操作的部分（包括现有工厂的生产率增长率 ω 和设备利用的改进比率 u 两者之差所产生的部分，参见第 3 章的注释④）。第一部分将是 $P_1(1+a)^n$，第二部分分别为 $Q_1-P_1(1+a)^n$，或：

$$\frac{Q_1}{(1+r_0)^n}(1+a)^n=\frac{Q_1}{(1+\beta)^n} \text{ 和 } Q_1-\frac{Q_1}{(1+\beta)^n}$$

现在，让我们提高旧生产能力的退役比例 $\dfrac{a}{a_0}$。结果，由退役释放出来的劳动会按照这个比例增加。同 Q_1 相应的生产能力现在会更高，因为第二个构成部分保持不变，但第一个部分则为：

$$\frac{Q_1}{(1+\beta)^n}\frac{a}{a_0}$$

因此总能力将为：

$$\frac{Q_1}{(1+\beta)^n}\frac{a}{a_0}+\left[Q_1-\frac{Q_1}{(1+\beta)^n}\right]=Q_1\left[\left(\frac{a}{a_0}-1\right)\frac{1}{(1+\beta)^n}+1\right]$$

但这是 n 年以后会存在的生产能力。事实上，根据注释③，在 n' 年后，"年轻化"过程就完成。因此，生产能力就像过程结束时将存在的一样，会按照如下比率减少：

$$\frac{1}{(1+u)^{n-n'}}$$

结果它将等于：

$$Q'_1=Q_1\frac{\left(\dfrac{a}{a_0}-1\right)\dfrac{1}{(1+\beta^n)}+1}{(1+u)^{n-n'}}$$

对于生产能力 Q'_1，Q'_2，…，Q'_n 将会得到一个类似的表达式。结果是，在"年轻化"过程中，所有生产能力 Q_1，Q_2，…，Q_n 都按照同样的比例提高，而退役的生产能力是：

$$P_1\left(\frac{a}{a_0}\right)，P_2\left(\frac{a}{a_0}\right)，…，P_{n'}\left(\frac{a}{a_0}\right)$$

而不是 P_1，P_2，…，$P_{n'}$。由此容易得出结论，在"年轻化"时期以后，比率为 r_0 的恒速增长使体系保持平衡，设备寿命为 n'，折旧参数为 a。

在充分就业条件下提高国民收入增长率
的途径：提高资本—产出比率

1. 我们假定技术进步是中性的，提高劳动生产率是通过借助提高资本—产出比率而实现的。资本—产出比率从它的初始水平 m_0 提高到 m，其结果是新工厂的劳动生产率提高 $(1+p)$ 倍。如上所说，对资本设备来说，"重置"过程需要 n 年，n 是设备的寿命。在这个时期内，平均劳动生产率的增长比初始状态更快，即按照高于 α 的比率增长。但是，这种额外的增长逐渐减慢，一旦固定资本"重置"过程完成时就告中止。就业的增长率 β 是常数，这相当于 n 年时期内国民收入较快的增长。在初始状态下，增长率为 $r_0 = \alpha + \beta$，在 n 年的期初提高到 $r = \alpha + \delta + \beta$ 水平，在结束时跌回到 $r_0 = \alpha + \beta$。因此，很显然，在整个"重置"时期，平均的国民收入增长率高于 r_0，但低于 r。它等于：

$$r_{av} = (1 + r_0)\sqrt[n]{(1+p)} - 1 \qquad (8.1)$$

在 n 年的期末，国民收入将是它的初始年水平的 $(1+r_0)^n(1+p)$ 倍，因为通过提高资本集约程度，劳动生产率提高 $(1+p)$ 倍。[①]因此，平均国民收入每年将按照 $(1+r_0)\sqrt[n]{(1+p)}$ 的比例增长，它的年平均增长率将是 $(1+r_0)\sqrt[n]{(1+p)} - 1$。

现在，我们用图形描述加速国民收入增长的过程。为此，我们利用和图 4.1 类似的图形。我们再把生产性积累率 i 定在横坐标上,国民收入增长率 r 定在纵坐标上。在初始状态中,国民收入增长率 r_0 等于 $u+\beta$,同时资本—产出比率为 k_0。r 和生产性积累率之间的关系由如下方程来表示:

$$r=\frac{1}{k_0}i-\frac{m_0}{k_0}(a-u) \tag{8.2}$$

这个方程由图 8.1 中的直线 BN 来描述,它的斜率为 $\frac{1}{k_0}$。初始状态下的生产性积累率为 i_0,等于 OA。

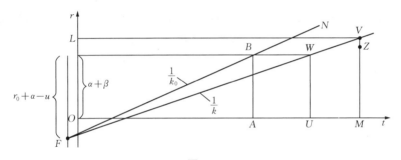

图 8.1

现在,我们把资本—产出比率从它的初始水平 m_0 提高到水平 m。这导致新工厂的劳动生产率按照 $1+p$ 比例增长。资本—产出比率 k_0(它把生产性积累加存货增加同国民收入增量联系起来)提高到 k 水平,我们有:

$$k-m=k_0-m_0=\mu \tag{8.3}$$

μ 是系数,表示存货增加与国民收入增加之间的关系(见第 2 章第 4 节)。在新的状态下,r 和 i 之间的关系由下列公式表示:

$$r=\frac{1}{k}i-\frac{m}{k}(a-u) \tag{8.4}$$

在图形中,这个公式由直线 WV 来描述,它的斜率为 $\frac{1}{k}$。现在,我们在考虑式(8.3)的同时,从式(8.2)和式(8.4)中寻找 r 和 i 的解,以便决定直线 BN

与 WV 的交点 F。我们得到点 F 的横坐标 $-\mu(a-u)$，得到纵坐标 $-(a-u)$。可见，点 F 的位置并不决定于资本—产出比率的量值，以致当 k 变化时，描述 r 和 i 之间关系的直线围绕点 F 旋转。

由于新工厂的劳动生产率按照 $1+p$ 比例提高，结果，"重置"第一年的国民收入增长率提高到图 8.1 中 OL 描述的水平 r。这伴随着生产性积累率提高到水平 i，等于 OM。在固定资本"重置"过程中，同增长率和生产性积累率相应的点从 V 移向 W。[②]点 W 表示"重置"期结束时的状况。它具有初始增长率 r_0 和积累率 i_n（等于 OU）的特征，由于更高的资本—产出比率，i_n 高于初始状态下的积累率 i_0（等于 OA）。增长率降回到它的初始水平，但资本—产出比率的提高是难免的，它使经济"永远"承担着一个较高的生产性积累率。

这显然影响着"重置"期结束时的消费水平，最终影响这个时期内消费的平均增长率。如上所示，在 n 年的期末，国民收入超过期初的 $(1+r_0)^n(1+p)$ 倍。由于国民收入中消费相对份额从初始水平 $1-i_0$ 降至"重置"期末的 $1-i_n$，消费增长会更小。从而，消费按照下列比例增长：

$$(1+r_0)^n(1+p)\frac{1-i_n}{1-i_0}$$

由固定资本"重置"产生的消费"额外增长"将是：

$$(1+p)\frac{1-i_n}{1-i_0} \tag{8.5}$$

由于在后一表达式中，第一个因素大于 1，第二个因素小于 1，不能想当然认为结果大于 1。但如果不是这样，进行"重置"过程，即提高生产能力总量的资本集约程度，就没有意义。我们将看到，这种"重置"的结果，取决于提高资本集约程度对劳动生产率的影响。式(8.5)可按下列形式进行改写：

$$(1+p)\left(1-\frac{i_n-i_0}{1-i_0}\right)$$

现在，i_n-i_0 等于图 8.1 中的 AU，AU 又进一步等于：

$$BW=(r_0+a-u)(k-k_0)$$

结果，只有满足下列条件，提高资本—产出比率才被证明是正确的，这个条

件是:

$$(1+p)\frac{1-i_n}{1-i_0}=(1+p)\left(1-\frac{(r_0+a-u)(k-k_0)}{1-i_0}\right)>1 \quad (8.5')$$

资本—产出比率从 k_0 提高到 k,由此产生的 p 增长越高,消费增加也越大。如果劳动生产率对提高资本集约程度的反应微弱,式(8.5′)就不能满足,亦即消费没有增加。

消费的平均增长率为:

$$c=(1+r_0)\sqrt[n]{(1+p)}\sqrt[n]{\left(\frac{1-i_n}{1-i_0}\right)}-1$$

$$=(1+r_{av})\sqrt[n]{\left(\frac{1+i_n}{1-i_0}\right)}-1 \quad (8.6)$$

这个增长率显然低于国民收入平均增长率。但是,根据上述论证,后一比率低于 r,即"重置"期初的国民收入增长率。因此,我们有:

$$r>c$$

其含意为:在"重置"期间,消费增长一般慢于期初的国民收入增长。

这个事实对于下列决策至关重要,即通过提高资本—产出比率加速国民收入增长,在多大程度上可以接受。在"重置"期初,以提高积累率 $i-i_0=AM$ 为代价(见图 8.1),我们得到这个期间的消费平均增长率 $c=MZ$,它低于 $r=MV$,但(根据我们关于"重置"目的的假定)高于 r_0,即在整个 n 年内消费"额外"增加的平均比率为 $c-r_0$。

2.这种状况同下面描述的在劳动供给无限的条件下出现的情况,大致是可比的。假定在后一情况下,资本—产出比率的水平是这样的,即为了把国民收入增长率从 r_0 提高到 c 即提高 $c-r_0$,生产性积累率需要提高 $i-i_0=AM$。此外还假定,在 n 年后,我们返回到增长率 $r_0=a+\beta$,因而返回到积累率 i_0。由于在加速增长时期前和 n 年后,国民收入中消费的相对份额为 $1-i_0$,从期初一直到增长率降回到 r_0,消费增加同国民收入变动是成比例的。因此,在整个 n 年时期中,消费的平均增长率为 $c>r_0$。[③] 因此,如同上面考察的"重置"期情况一样,在整个 n 年的时期内,消费的平均增长率提高 $c-r_0$。不过,在过程一开始,它是以积累率提高 $i-i_0$ 为代价的。

在下面关于资本—产出比率选择的讨论中,在这种类推的基础上,我们将结合"重置"期间消费的平均增长率,而不是这个时期初的国民收入增长率来考察积累率 i_0。作为一个最初的近似值,我们运用同样的决策曲线,就像在劳动储备无限的情况下那样。④

3. 提高总生产能力的资本集约程度是否可取,或者在何种程度上可取,为了解决这个问题,我们可以利用一种类似于在第 4 章形成的方法,解决劳动储备无限的条件下提高增长率的问题。首先,我们选择图 8.1 中的点 V 和 Z,它们与不同数值的资本—产出比率 k 相应。于是,我们得到两条曲线:BV 和 BZ(见图 8.2)。前者描述在"重置"时期 n 开始时,生产性积累率 i 和国民收入增长率 r 之间的关系;后者显示同一生产性积累率与整个"重置"时期消费的平均增长率之间的关系。把 BV 曲线上的一点与点 F 连接起来形成直线,它的斜率等于资本—产出比率的倒数。

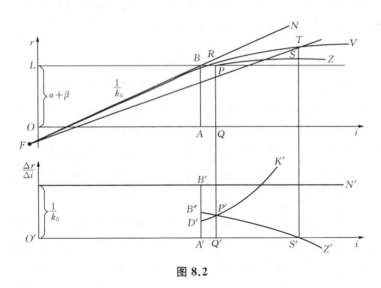

图 8.2

应当注意,曲线 BZ 在点 S 达到一个最大值,然后下降。根据式(8.5″),在"重置"期间,消费"额外的"相对增长等于:

$$(1+p)\frac{1-i_n}{1-i_0}=(1+p)\left[1-\frac{(r_0+a-u)(k-k_0)}{1-i_0}\right]$$

现在,如果 k 足够高,方程右端的第二个因素甚至接近于零。这意味着对于

一个足够大的 k，c 必定是负的，也就是曲线 $B''Z'$ 交于 i 轴，因此曲线在点 S 达到最大。很清楚，资本—产出比率决不超过与点 S 相应的水平。

在图 8.2 的下面部分，对于曲线 BZ，我们现在画出曲线 $B''Z'$，表示 $\dfrac{\Delta c}{\Delta i}$，也就是对于一定 i，曲线 $B''Z'$ 的切线斜率。曲线 $B''Z'$ 位于水平线 $B'N'$ 之下，因为曲线 BZ 的所有切线斜率都小于直线 BN 的斜率(在曲线 BV 上任一点的切线斜率必须始终小于 $\dfrac{1}{k}$，反过来，$1/k$ 小于 $1/k_0$，即小于 BN 的斜率；曲线 BZ 的切线斜率依次小于与同样 i 相应的曲线 BV 的切线斜率)。曲线 $B''Z'$ 显然在点 S' 与 i 轴相交，点 S' 同点 S 相对应。

其次，我们画出"决策曲线"$D'K'$，按照第 7 章的分析，这条曲线同劳动力储备无限的情况下使用的曲线相同。两条曲线在点 P' 的交点，表示"重置"期初的生产性积累率；这一点映射到曲线 BV 上去，得出了这个时期初的增长率 $r=QR$；它映射到 BZ 曲线上去，得到消费的平均增长率 c。最后，曲线 BV 上的点 R 同点 F 连接起来形成直线，它的斜率决定了应选择的资本—产出比率。

生产性积累率和消费增长率比起有大量劳动储备的情况低得多。的确，在后一情况下，生产性积累率是由"决策曲线"和水平线 $B'N'$ 的交点决定的，消费增长率——按照假定经过一个长时期后回到初始的增长率——是由这点映射到直线 BN 上的那一点决定的。

4. 如果我们撇开"重置"期间的消费水平问题，最优解就是同曲线 BZ 的最大值 S 相应的那种情况，也就是同直线 FT 相应的资本—产出比率。按照这种方法，我们得到整个 n 年内最高可能的消费平均增长率；这相当于达到了消费的最高水平，劳动供给和"重置"期末的增长率 $\alpha+\beta$ 给定，就能获得这个最高水平。许多经济学家，特别是西方经济学家，都把注意力集中于这个解上，这个解甚至被误认为"黄金规则"。但是，从我们的论证可以得出结论，这个解性质上是纯理论的，因为选择资本集约程度的关键问题是"重置"过程中的生活水平。上升的"决策曲线"容纳了这个因素，如上所见，这条曲线导致了接受一个远为更低的资本集约程度和"重置"期间一个较低的平均消费增长率。

至少在理论上情况可以这样,即在初始状况下,总生产能力的资本集约程度同曲线 BZ 上位于 S 右边的一点相应;由此曲线 BZ 向下倾斜。在图的下面部分中,曲线 $B''Z'$ 位于横轴的下面,它显然不可能与决策曲线相交在初始状态的右端。这同上面(本章第 1 节)讨论的情况相应,它不能满足下列标准:

$$(1 + p) \frac{1 - i_n}{1 - i_0} > 1 \tag{8.7}$$

在这种情况下,为了降低总资本设备的集约程度,对设备总量进行"重置"肯定是有利的;这引起消费无论在短期还是在长期都按照高于 r_0 的比率增长。⑤

5. 如同第 4 章第 3 节那样,现在我们讨论"重置"期初逐渐实现提高生产性积累率的问题。我们再设想在整个转换时期 τ,借助于技术进步产生的劳动生产率正常增长,我们用 α 表示这种增长率,而不是积累,就能实现这一目标。这和我们在讨论吸收劳动力储备、加速增长的问题时作的假设相同。⑥

很清楚,与后一种情况一样,由技术进步产生的劳动生产率的"正常"增长率越高,转换时期 τ 就越短。

6. 由上可知,在转换时期,国民收入增长率增加,但紧接着在 n 年的"重置"时期内便下降,在这个时期结束时,增长率降回到它的初始水平。在转换时期 τ,国民收入中生产性积累的相对份额提高,即这种积累,特别是固定资本的积累,比国民收入增长更快。在"重置"时期,过程恰好相反:国民收入中生产性积累的相对份额下降(尽管没有返回到它的初始水平),所以,生产性积累的增长比国民收入慢。

问题是:是否有可能避免在"重置"时期国民收入增长速度减慢,并维持在转换期末达到的增长比率。如果资本—产出比率在转换时期已经从 k_0 提高到 k,以后要保持在同一水平上,这显然是不可能的,正如迄今为止我们在论证中假定的那样。因为由我们前面的讨论可知,正是资本—产出比率提高到一个更高的水平导致了增长的加速,但是,以后这个比率维持在一个固定水平却伴随着增长率降回到初始水平。

由此可以反过来得出结论说,如果资本—产出比率稳步提高,有可能把国民收入增长率维持在转换时期达到的水平;增长率下降的倾向会受阻于资本—产出比率的适当增加对劳动生产率所产生的影响。显然,维持一个固定的国民收入增长率,以资本—产出比率稳步提高为基础,也会要求生产性积累率的稳步上升。

尽管有可能通过这种方式把增长率维持在一个固定的水平上,但并不能由此认为,这样一种政策总是切实可行的。无限地继续这样一种过程显然是不合理的。的确,生产性积累率的稳步上升,最终会引起国民收入中消费相对份额下降到零,这当然是荒谬的。国民收入中消费相对份额比总消费开始下降要早得多,人均消费下降还要早。因而很清楚,把增长率维持在一个比 $r_0 = \alpha + \beta$ 更高水平上的政策,只有在一个有限的时期内才是可接受的。它迟早一定会终止资本—产出比率的上升,导致国民收入增长的逐渐下降,直至达到由劳动生产率"正常"增长(来自于技术进步)和劳动力自然增长决定的水平 r_0 为止。

但是,如果迟早必须返回到增长率 $\alpha + \beta$,那么,这个过程不必继续下去,以致超过同"黄金规则"相应的最优资本集约化的一点。此外,为了较早地获得消费的利益,会有并将可能有一种甚至更早的关于稳定资本集约程度的决策(参见本章第4节)。

7. 到目前为止,我们涉及了在中性技术进步的假定下,通过提高资本—产出比率加速国民收入增长的问题。现在,我们考察一下"鼓励资本集约的"技术进步情况的同样问题。

在这种情况下,通过把总生产能力调节到一个更高的资本集约程度,我们不仅提高了平均的劳动生产率,而且也提高了它的增长率。因为完成资本设备总量"重置"后,不仅达到了更高的平均劳动生产率水平(和上面考察的情况一样),而且取得了比初始状态,即比 α 更高的生产率未来增长率。由于新工厂生产率较快的增长,在整个"重置"过程中也会出现趋向于这个方向的变动。"重置"过程越是向前推进,这种影响就越大。在"重置"期初,这个因素的影响是可以忽略的。已经投产的工厂在第一年的劳动生产率超过第二年,即为 α'(譬如说5%),而不是 α(譬如说4%),这种事实仅仅微弱地影响着整个经济的劳动生产率增长。在"重置"开始后,新工厂的生产率水平按 $1 + p$ 的比例增长,这个事实在量上要重要得多。但是,在"重置"期结束时,平均生产率增长率为 α' 而不是 α。新工厂劳动生产率更高的增长率,其不断增长的重要性在于:它在某种程度上中和了增长的倾向,因为在整个"重置"期的过程中,这个工厂已经提高的生产率水平趋于下降(如同我们在分析中性技术进步情况所描述的那样）。平均生产率的增长率并不由此下降到初始水平，而是下降到比 α 高的水平 α'。

相应的国民收入增长率从水平 r 下降到 $r_0+\alpha'-\alpha$，后者高于初始比率 r_0。这种状况由和图 8.1 相似的图 8.3 来表示。在现有情况下，描述"重置"期间生产性积累率和国民收入增长率的点从 V 移动到 Y，而不是移到 W（如在中性技术进步的情况那样）。但是，正如我们将看到的，点 W 仍然具有一定的意义。以"重置"期初生产性积累率从 i_0 提高到 i（即把 i 从 OA 提高到 OM）为代价，在消费更快的长期增长方面可以获得什么利益？

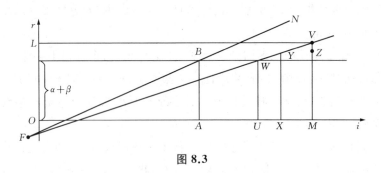

图 8.3

在中性技术进步情况下，我们把这个利益定义为整个"重置"时期消费的平均增长率提高。在那里，我们说明了下面两者的相似性：一是整个"重置"时期由此方式获得的消费额外增长；二是在劳动储备无限的情况下，通过提高生产性积累率 $i-i_0$，国民收入增长率从 r_0 提高到 c（假定增长率在 n 年后降回到 r_0）。在这个基础上，我们把相同的"决策曲线"用于资本集约程度和在劳动储备无限的情况下增长率 c 的选择问题。我们宁愿在现有"鼓励资本集约的"技术进步情况下，以一种类似的方式进行处理，但是由此出现了下列复杂的问题。

在"重置"期结束后，增长率并不降回到初始水平 $r_0=\alpha+\beta$，而是降到一个较高的水平 $\alpha'+\beta=r_0+\alpha'-\alpha$。结果，国民收入中生产性积累的相对份额 OX，高于同 r_0 相应的水平 OU，从而消费的相对份额相应减少。最后，为了能够应用前面的论据，我们必须使现有考虑的情况与中性技术进步条件下的"重置"情况具有可比性。为此，让我们假设在"重置"期完成后，通过稳步减少劳动时效，使劳动力增长率降低到如下水平：

$$\beta' = \beta + \alpha - \alpha'$$

于是

$$\beta' + \alpha' = \beta + \alpha = r_0$$

很显然,这种情况和下列情况不完全相同,即在中性技术进步情况下,由于"重置"期结束后劳动时数逐渐减少,经济返回到比率 r_0。但是,考虑到产生利益的时间遥远,差异并不十分重要。生产性积累率那时会降到同 r_0 相应的水平 OU,国民收入中消费的相对份额至此将上升。现在,我们延续前面的思路并无困难,也就是说,我们可以把消费增长率 c 同"重置"初期生产性积累率联系起来,利用相同的"决策曲线",如同在劳动储备无限的情况下那样。

像上面一样,我们用 r_{av} 表示整个"重置"时期国民收入的平均增长率。消费的平均增长率(在刚讨论的意义上)为:

$$c = (1 + r_{av}) \sqrt[n]{\frac{1 - i_n}{1 - i_0}} - 1$$

这里, i_n 是增长率如果返回到 r_0 水平可能达到的积累率(换言之,它是点 W 的横坐标)。但是,这是否恰好和中性技术进步情况下具有相同结果?这里的回答是明确否定的;新工厂的生产率增长率 α' 高于 α,在"重置"期间始终产生影响,因而在某种程度上中和了国民收入增长率下降的倾向。结果, r_{av} 要高于前面中性技术进步的情况,它等于:

$$r_{av} = (1 + r_0) \sqrt[n]{(1 + p)} - 1$$

结果,消费的平均增长率也更高($\alpha' - \alpha$ 之差越大,差异将会更显著)。消费的平均增长率在图 8.3 中由点 Z 表示,它的横坐标是 i,纵坐标是 c。

现在,我们勾画一幅与图 8.2 相近的图。我们再绘出一条代表"重置"期初增长率 r 的曲线 BV;这条曲线是图 8.3 中点 V 的轨迹。曲线 BY 表示期末增长率(即 $r_0 + \alpha' - \alpha$),它是点 Y 的轨迹。后一条曲线是向上倾斜的,因为根据我们对"鼓励资本集约的"技术进步的定义,资本—产出比率 k 越高,生产率增长率 α' 越高。最后,曲线 BZ 描述了消费的平均增长率 c(假定在"重置"期结束后,现行的增长率 $r_0 + \alpha' - \alpha$ 会下降到 r_0)。这条曲线是点 Z 的轨迹,根据我们的论点,它位于图 8.2 曲线 BZ 之上,图 8.2 与中性技术进

步的情况相应。由于这个原因，生产性积累率 i 在图 8.4 中由"决策曲线"和

曲线 $\frac{\Delta c}{\Delta i}$ 的交点 P' 决定，它高于中性技术进步情况下的 i。此外，消费的平均

增长率 c 也是如此。显然，资本—产出比率 k（是直线 FR 斜率的倒数）也高

于中性技术进步的情况。这说明，在现有情况下，我们会选择一个更高的资

本—产出比率，因为假定其他情况不变，我们获得了一个更高的消费增长。

这是可以预料的，因为我们这里讨论"鼓励资本集约的"技术进步。[7]

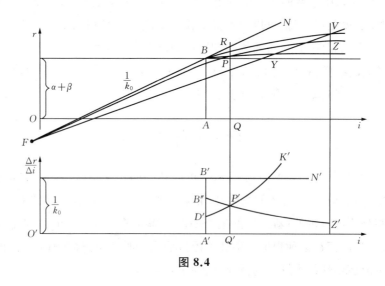

图 8.4

注　释

① 这可以严格证明如下：旧工厂报废释放出来的劳动和自然增长的新劳动
力[包括由新工厂的生产率增长率 w 和设备利用的改进率 u（参见第 3 章
的注释④）之差产生的劳动]，与如果 m 保持不变时拥有的劳动相同。

② 应当注意，用 8.1 表示"重置"过程是很不精确的。在这个过程中，点 F
事实上并非完全不动，因为在"重置"期间折旧参数并非保持不变。如果
国民收入增长率始终等于 r_0，情况就是如此。但是，"重置"过程的全部
目的恰是为了提高这个比率。结果，报废同样数量的旧设备（与它的寿命
n 对应）会同一个较高的国民收入水平联系在一起，后者比增长率维持在 r_0
可能有的水平还要高。因此，在"重置"过程中，折旧参数 a 会下降，点 F 会

上移并向右移动,因为它的横轴是$-\mu(a-u)$,它的纵轴为$-(a-u)$。结果,在"重置"期间,直线 FV 会向上移动,但并不改变它的斜率(我们这里假设$\mu<1$,这是相当现实的)。在这个时期后直线会回到图 8.1 所示的位置 FV。

③ 事实上,进行的过程如下:在这个期初,消费下降的比例为$1-i_0/1-i$。其次,在 n 年中,国民收入和消费按照比率 c 增长[消费对国民收入具有固定的关系$(1-i)$]。最后,在 n 年后,当增长率降到r_0时,消费增长的比例为$1-i_0/1-i$。

④ 如同在劳动供给无限的情况下一样,同一决策曲线的运用常常会遇到某些限制。首先,在后一种情况下,比率为 c 的增长可以无限地持续下去,但在现有例子中,它只能持续 n 年(但回想一下,n 是一个序列为 20 年的相对长的时期)。类似地,第二个缺陷起着相反的作用。在劳动储备无限的情况下,生产性积累率下跌在 n 年时期结束后才发生,而在现有情况下,这个比率始终在递减。结果,尽管整个"重置"时期消费的总增加在两种场合相同,但在这个时期中,消费的时间曲线形状在现有例子中比较有利。在"重置"期初,国民收入增长率高于整个时期的平均水平,这在同一方向产生进一步的影响。因此,在 n 年中,固定资本"重置"情况同恒速增长的情况相比(由于增长率在这个时期末跌回到它的初始水平r_0,生产性积累率相应地返回到i_0),有利于较快地改善消费。在期初,两个过程在如下方面是相似的,即消费份额在两种情况下从$1-i_0$下降到$1-i$。在期末,它们达到的消费水平又是相同的。但在期中,前一种情况明显得益要超过后者。下面,我们撇开这些复杂的情况。

⑤ 凯茨梅厄斯·拉斯基:《社会主义经济中暂时减速增长和消费的动态》(波兰文),《经济学家》1964 年第 4 期。

⑥ 然而,应当注意,它意味着转换时期实际工资的稳定性,所以,在这个时期内,消费与就业同步增长。这里情况稍有不同。加速增长,是以投资的资本集约程度和新工厂的劳动生产率逐渐提高为基础的。只有当劳动生产率按照比率a正常增长被生产性积累所吸收时,生产率的额外增加有助于按相同比例提高消费和积累。结果,在整个转换时期,实际工资并非始终稳定的,但和生产率的额外增加同步提高。实际工资的提高,就这样成为转换期间消费增长的一种反映,这来自于在吸收劳动力储备的情况下就业增长的加速。

⑦ 在"鼓励资本集约的"技术进步情况下,像第 6 节那样,消费的平均增长率曲线 BZ 有一个最高点,因为这个比率趋于随着a'一起增加,反过来,a'是资本集约程度的一个递增函数。因而,在这种情况下并不出现"黄金规则"问题。

在充分就业条件下提高国民收入增长率的途径:缩短设备寿命

1. 现在,我们考察通过把设备寿命从 n 年缩短为 n' 年,提高平均劳动生产率,从而加速国民收入增长的问题。缩短设备寿命的结果是平均生产率提高到一个更高的水平,因为平均来说,固定资本总量变得更加"年轻",从而生产技术更加现代化。资本设备存量"年轻化"的过程,是通过加快现有生产能力的报废而实现的,报废的比例为 a/a_0,a_0 是和 n 年的寿命与固定增长率 r_0 相应的折旧参数,而 a 则是与同一增长率和 n' 年的寿命相应的参数(见第 7 章第 5 节)。在持续 n' 年的"年轻化"期间,劳动生产率会有额外的增加,比例为 $1+p$。如在中性技术进步情况下,国民收入增长率的增量 $r-r_0$ 等于平均劳动生产率增长率的增量。在"年轻化"期初,$r-r_0$ 是最高的,并在整个过程中逐渐下降,因为额外的退役设备适合于老化程度越来越低的工厂。最后,当"年轻化"过程完成时,$r-r_0$ 达到零。[①]但是,生产性积累率 i_n 比初始状况高,即高于 i_0,因为固定资本寿命缩短包含了更高的投资。

这一活动值得进行的必要的前提是:

$$(1+p)\frac{1-i_{n'}}{1-i_0}>1 \qquad (9.1)$$

这表示它引起了消费额外的增加。现有情况和中性技术进步下资本存量
"重置"的情况之间的差别在于：生产性积累率从 i_0 提高到 $i_{n'}$，不是因为提
高了资本—产出比率 k，而是由于折旧参数 a 的上升，a 表示旧工厂退役引
起国民收入缩减的比率。上述不等式可以改写如下：

$$(1+p)\left(1-\frac{i_{n'}-i_0}{1-i_0}\right)>1$$

在年轻化的期初和期末，对于 r_0，由方程我们可以决定 $i_{n'}-i_0$：

$$r_0=\frac{1}{k}i_0-\frac{m}{k}(a_0-u)$$

$$r_0=\frac{1}{k}i_{n'}-\frac{m}{k}(a-u)$$

由此我们引出：

$$i_{n'}-i_0=m(a-a_0)$$

因而，固定资本总量"年轻化"值得实施的先决条件可以写成下列形式：

$$(1+p)\left[1-\frac{m(a-a_0)}{1-i_0}\right]>1 \tag{9.2}$$

"年轻化"过程可以用与图 8.1 相似的图形加以描述。折旧参数从 a_0 提高到
a（这反映为直线 CN 向下平移）。[②] 在"年轻化"初期，由于生产性积累率 i 大
幅度提高，我们得到一个较高的国民收入增长率 r（见图 9.1）。在"年轻化"
期间，描述积累率和国民收入增长率的点逐渐从 V 移向 W。[③] 结果，由于更
高的生产性积累率，增长率被拖回到它的初始水平 r_0。图中也给出了点 Z，
它的纵坐标 c，即消费的平均增长率由下列公式决定：

$$(1+r_0)\sqrt[n']{\left[(1+p)\frac{1-i_{n'}}{1-i_0}\right]}-1$$

而它的横坐标就是"年轻化"初期的生产性积累率（见图 9.1）。

　　回想一下，对于不同的折旧参数 a，不仅相应有不同的 p 和 $i_{n'}$，而且"年
轻化"的时期 n' 也不相同。

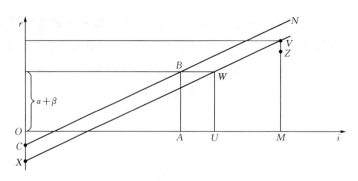

图 9.1

2. 现在，我们可以画出一幅和图 8.2 相似的图形，该图显示了中性技术进步情况下资本—产出比率的选择。在图的上面部分（见图 9.2），我们绘出年轻化初期国民收入增长率 r 曲线和消费的平均增长率 c 曲线。由于这个平均数是对不同时期 n' 进行计算的（α 越高，n' 越短），我们必须修改"决策曲线"，如同在劳动储备无限情况下做的那样。我们越往右移动，消费按照平均比率 c 增长的时期就越短，所以这个比率肯定会被低估（见第 5 章第 2 节）。相应地，"决策曲线"$D'K'$ 被另一条"决策曲线"$D'H'$ 取代。曲线 $D'H'$ 和 $B''Z'$ 的交点又决定 i、c 和 r。画一条过 R 点且与直线 CN 平行的线，我们得到折旧参数的增量 $a-a_0$（等于距离 CX 除以 $\frac{m}{k}$）。

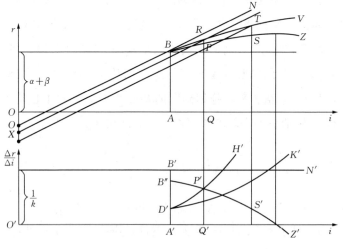

图 9.2

3. 根据式(9.2),从初始位置到"年轻化"过程结束,消费的额外增加等于:

$$(1+p)\frac{1-i_{n'}}{1-i_0}=(1+p)\left[1-\frac{m(a-a_0)}{1-i_0}\right]$$

十分清楚,在设备寿命合理缩短的情况下,这个表达式大于1,对于确定的 n',它有一个最大值。确实,如果欲有的设备寿命 n' 已经很短,以致经济中的平均生产率非常接近于新工厂的生产率,进一步以很大的比例缩短 n',只能使 p 得到微不足道的提高,尽管折旧参数 a 表现出巨大的增长。这就是说,表达式右端的第一个因素增加很少,而第二个因素则下降很多。

因而,这里出现了一种和上述中性技术进步条件下"重置"情况相似的状况,在那里,根据下列表达式,对于一定的资本集约程度,消费增加达到一个最大值:

$$(1+p)\frac{1-i_n}{1-i_0}=(1+p)\left[1-\frac{(r_0+a-u)(k-k_0)}{1-i_0}\right] \tag{9.3}$$

但是,与那种情况相反,在固定资本"年轻化"的现有情况下,可达到消费最大的"一次性"增加与曲线 BZ 上的最高点并不一致。在"年轻化"期间,当 n' 由于以下两个原因而下降时,由曲线 BZ 给定的平均消费增长率会提高,并趋于达到一个最大值:(1)由于下列表达式增大,即:

$$(1+p)\left[1-\frac{m(a-a_0)}{1-i_0}\right]$$

(2)由于"年轻化"时期长度(等于 n')缩短。结果,曲线 BZ 上的最高点将在一个更高的 α 点上达到,与消费最大的绝对增加值对应的那点相比,这一点体现为更高集约的"年轻化";这就是说,在"年轻化"时期结束后,可达到的最高消费水平和点 S 相应,位于曲线 BZ 峰点的左边(见图9.2)。

但是,正如在中性技术进步条件下固定资本"重置"的情况那样,根据图9.2,政府选择的资本设备总量"年轻化"程度,将低于"年轻化"过程后能确保最大消费水平的那种"年轻化"程度(显然,在整个"年轻化"时期,对于能带来最高的平均国民收入增长率的"年轻化"程度来说,情况更是如此)。

4. 上面,我们考察了设备寿命给定使总生产能力获得更高资本集约程度的"重置"过程,以及资本集约程度给定的"年轻化"过程。加速国民收入增长比较普遍的方式,是这两个过程的结合。固定资本的这样一种"改造",由下面两个因素的同时提高组成:一是资本集约程度从 m_0 提高到 m_1;二是折旧参数从 a_0(同设备寿命期 n 相应)提高到 a(同设备寿命 n' 相应)。由于本章仅仅涉及社会主义经济增长理论中基本而又相对简单的因素,所以,这里我们仅限于讨论最优的资本集约程度(假定中性技术进步)和最优的设备寿命问题,而不考虑在"改造"过程中的消费"牺牲"。这是上面讨论设备寿命给定时最优资本集约程度问题的一般概括,反之亦然(第 8 章第 4 节和本章前 1 节)。

在初始状态下,我们有:

$$r_0 = \alpha + \beta = \frac{i_0}{k_0} - \frac{m_0}{k_0}(a_0 - u) \tag{9.4}$$

让我们用 i' 表示在最优状态下的生产性积累率,用 $1+p$ 表示提高资本集约程度和降低设备寿命产生的平均劳动生产率有比例的增加。根据第 8 章的第 1 节和本章第 1 节,在"改造"时期消费有比例的额外增加将是:

$$(1+p)\frac{1-i'}{1-i_0} = (1+p)\left(1 - \frac{i'-i}{1-i_0}\right)$$

在"改造"期结束后(假定中性技术进步),我们有:

$$r_0 = \alpha + \beta = \frac{i'}{k} - \frac{m}{k}(a - u) \tag{9.5}$$

由于提高了资本—产出比率,$k - k_0 = m - m_0 > 0$,由于降低了设备寿命,$a - a_0 > 0$。由式(9.4)和式(9.5),我们得到:

$$(k - k_0)r_0 = i' - i_0 - (ma - m_0 a_0) + (m - m_0)u$$

把 $k - k_0 = m - m_0$ 考虑进来,有:

$$i' - i = (m - m_0)(r_0 - u) + (ma - m_0 a) + (m_0 a - m_0 a_0)$$
$$= (m - m_0)(r_0 - u + a) + m_0(a - a_0)$$

因此,消费额外比例的增加为:

$$(1+p)\left[1 - \frac{(m - m_0)(r_0 - u + a) + m_0(a - a_0)}{1 - i_0}\right]$$

现在,$m-m_0$ 和 $a-a_0$ 越高,$1+p$ 越大,但第二个因素就越小。生产达到它的最大值点——从第 8 章第 4 节和本章第 3 节可以推论,对于出现的这个点,确实存在 m 和 a 的一个组合——既是资本集约程度的最优解又是设备寿命的最优解。在这种状态下,既定的劳动力增长率 β 和由技术进步带来的生产率增长率 α,将确保最高可能的消费增长,比率为 $\alpha+\beta$。因此,这将产生最大可能的实际工资增长,比率为 α。

如同上面在考察一定 n 的最优值 m 所暗示的,反之也一样,但是,从短期消费的眼光看,在固定资本"改造"期间要达到这个"境地",代价过于昂贵。

为了完整描述固定资本的"重置"与"年轻化"问题,应当把外贸困难问题引入这些过程,这一点应当铭记于心。这些困难,自然抑制了政府由此加速国民收入增长的倾向;但是,正如我们已经反复陈述的,本章仅仅涉及社会主义经济增长理论的基本因素,这里我们对这个问题不进行详细的讨论。

注　释

① 如第 8 章注释④所示,于是,比率为 r_0 的恒速增长使体系保持平衡。

② 只有在"年轻化"过程的开始和结束时,这才是严格正确的(参见第 8 章注释②)。

③ 应当注意,图 9.1 描述的"年轻化"过程是不太准确的。在这个过程中点 X 事实上不是完全固定的。确实,在初始状态下的生产能力 P_1,P_2,…,形成一个几何级数(参见第 7 章注释④),它的商数为:

$$(1+r_0)/(1+u)$$

这也适用于退役的生产能力,即:

$$(a/a_0)P_1,\ (a/a_0)P_2,\ \cdots$$

产出相应的实际损失也形成一个几何级数,但它的商数将是:

$$[(1+r_0)/(1+u)](1+u)=1+r_0$$

这是由于因素 u 的作用。但是,在"年轻化"的过程中,国民收入增长率高于 r_0。结果,X 点向上移动,直线 XV 也向上移动,但不改变它的斜率,在"年轻化"期末,将回到图 9.1 中所示的位置 XV。

10

在劳动供给无限的条件下资本—产出比率的选择

1. 在前两章,我们论述了在充分就业条件下加速国民收入增长的问题。分析表明,至少在"重置"时期,通过提高资本—产出比率进而提高新厂的劳动生产率,可以实现这种加速增长。在劳动供给无限的情况下,不改变资本—产出比率,通过加速就业的增长就能提高国民收入增长率。我们在第4章中的讨论,就是建立在这个假定上的。根据这个事实,即有可能借此方式提高国民收入增长率,使之超过水平 $r_0 = \alpha + \beta$(即决定于由技术进步产生的生产率增长和劳动力的自然增长),但是,不一定得出结论说,这是最好的选择方法。

这里,容易构想这样的可能性,即通过更加充分地利用现有劳动资源,降低资本—产出比率(如果这些可能性还存在的话)。下面我们详细考察这个问题,但首先我们将讨论多布(Dobb)和森(Sen)关于这个问题的观点。这些作者注意到下列事实,即基于某些假定,甚至在劳动供给无限的情况下提高资本—产出比率也是合理的。①他们的论证,为了适应于本书采用的方法,可以描述如下。

假如政府把尽可能最快的经济发展速度作为目标,而不求助于降低实际工资,这样,政府决定在长期内把这些工资维持在一个不变的水平上,同时利用劳动生产率的全面增长提高积累率。上面我们讨论积累率的这种提高(参见第 4 章第 5 节)以"转换"时期 τ 的劳动生产率的提高为基础,后者的提高来源于技术进步。但是,为提高资本集约程度而"重置"设备存量,加剧了国民收入中生产性积累份额的增加;在相应时期内,这会引起生产率的额外增加。当资本—产出比率维持在它的初始水平 k_0 时,n 年后,国民收入相对于消费的增加按照 $(1+\alpha)^n$ 的比例提高(参见第 4 章第 5 节)。但是,如果我们把这个因素引进"重置"过程,这个过程使资本集约程度上升到水平 k,那么国民收入会相对于消费而增长,比例为 $(1+\alpha)^n$ $(1+p)$,p 是新工厂生产率的增加比例,它来源于资本—产出比率从 k_0 提高到 k。[②] 让我们用 i_0 表示初始状态下的生产性积累率;π_n 表示在资本—产出比率维持 k_0 水平不变的情况下 n 年以后的积累率;π'_n 表示 n 年以后的积累率,但假定为把设备存量的资本集约程度提高到 k,设备存量已经进行了"重置"。于是,我们有:

$$i_0 < \pi_n < \pi'_n$$

国民收入增长率分别为:

$$r_0 = \frac{1}{k_0}i_0 - \frac{m_0}{k_0}(a - u)$$

$$r_n = \frac{1}{k}\pi_n - \frac{m_0}{k_0}(a_n - u)$$

$$r'_n = \frac{1}{k}\pi'_n - \frac{m}{k}(a'_n - u)$$

很清楚,$r_n > r_0$,但是,不能理所当然地认为 $r'_n > r_n$。确实,积累率 π'_n 高于 π_n,但另一方面,$k > k_0$ 会逆向影响增长率。如果我忽略下面两项之间相对小的差异:

$$\frac{m_0}{k_0}(a_n - u) \text{ 和 } \frac{m}{k}(a'_n - u)$$

那么,对于 r'_n 大于 r_n,我们得到下列条件:

$$\frac{\pi'_n}{k} > \frac{\pi_n}{k_0}$$

71

换言之,由于固定资本调整到更高的资本集约程度,达到一个更高增长率的必要条件是,积累率的相对增加超过资本集约程度的相对提高。即使如此,但它本身不是提高资本—产出比率的决定性论据;此外,我们不仅得考虑(如同我们在本章通篇考虑的那样)在长期内发生什么——即在这种情况下,在 n 年的"重置"期末——而且还必须考虑在不久的将来会发生什么。现在设"重置"期初的增长率为:

$$r'_0 = \frac{1}{k} i_0 - \frac{m}{k}(a - u)$$

这是因为劳动生产率上升(或者来源于技术进步,或者来源于资本—产出比率提高)还不能够影响积累率。很清楚,由于资本—产出比率的上升,增长率 r'_0 低于 $r_0 = \alpha + \beta$。结果,在这个时期,会出现就业的增加,国民收入增长率低于劳动生产率的增长率加上劳动力的自然增长率。因而,政府决定提高资本—产出比率并非完全有把握,即使在"重置"过程的后期阶段这会引起增长率的剧增。此外,我们试图说明,劳动储备给定时,提高资本—产出比率的想法甚至在长期内也未必能带来好处,除非由技术进步带来的劳动生产率增长率 α 很高。其实,多布和森都根本没有把这种类型的生产率增长考虑进来,他们假定仅仅通过提高资本—产出比率就能提高生产率。

为了考察劳动供给无限的条件下最优资本—产出比率问题,我们再运用一下图形描述的方法。当 $\alpha = 0$ 时,我们从多布和森讨论的情况开始。

2. 国民收入与消费的比率为 $\frac{1}{1-i}$,由于 i 是生产性积累率,国民收入中消费的相对份额是 $1-i$。因此,一开始这个比率等于 $\frac{1}{1-i_0}$,而在"重置"期末等于 $\frac{1}{1-\pi'_n}$。由于我们暂时撇开技术进步,所以 $\alpha = 0$,每个工人的国民收入在整个"重置"时期将按照比例 $1+p$ 增长。由于实际工资保持不变,国民收入与消费的比率也将按照比例 $1+p$ 增长。因此,我们有:

$$\frac{\dfrac{1}{1-\pi'_n}}{\dfrac{1}{1-i_0}} = 1 + p$$

或：

$$1-\pi'_n=\frac{1-i_0}{1+p}$$

且：

$$\pi'_n=1-\frac{1-i_0}{1+p} \tag{10.1}$$

现在我们把 k 定为横坐标，$\dfrac{1-i_0}{1+p}$ 定为纵坐标（见图 10.1）。

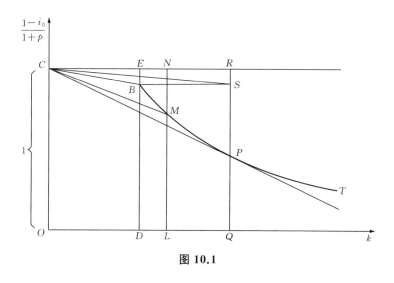

图 10.1

与横坐标 $k_0=OD$ 相应，纵坐标为 $1-i_0=BD$。因为，在这种情况下，资本—产出比率没有提高，$p=0$。很清楚，曲线 BT 仅仅是一条像图 7.2 的生产曲线，除了它向右移动和纵轴的标度不同以外。事实上，国民收入每单位增量的就业与 $1+p$ 的倒数成比例，后者是新工厂劳动生产率的指数。此外，k 是 $m+\mu$ 的加总，m 是固定资本投资的资本—产出比率，μ 是存货增加的相应比率。当 m 增加时，μ 保持不变，结果图 10.1 中的生产曲线与图 7.2 中的曲线相比，向右移动的距离为 μ（即图 7.2 中的 m 与图 10.1 中的 $m+\mu$ 相应）。

根据式（10.1）可知，对于一定的 k，比率 π'_n 等于曲线 BT 和水平线 CN 之间的距离 MN，从 k 轴到 CN 的距离等于 1。因而，线段 CM 的斜率等于 $\dfrac{\pi'_n}{k}$，这是因为：

$$MN = \pi'_n \text{ 和 } OL = CN = k$$

如上所示,比率 π'_n / k 决定了"重置"期末的增长率。

现在,可以轻松地回答,在图10.1中所描述的情况下,为了使"重置"期末的增长率最大,资本—产出比率应提高多少。把点 C 同曲线 BT 上任一点连结起来的直线斜率,在点 P 最大,也就是在直线与曲线 BT 相切时最大。因此,资本—产出比率应当提高到点 P 的横坐标(即 OQ)所显示的那一水平,但不超过这一点。③

然而,这并不是问题的结束,因为我们也必须看到在"重置"早期阶段发生的情况。如果资本—产出比率丝毫也没有提高,增长率就由 i_0 / k 决定,后者在曲线图中由直线 CB 的斜率表示[回想一下,$BD = 1 - i_0$,结果 $EB = 1 - (1 - i_0) = i_0$,同时 $OD = CE = k_0$]。可是,当资本—产出比率提高到 $k = OQ = CR$ 水平时,那么在"重置"期初,我们有比率 i_0 / k 而不是 i_0 / k_0,i_0 / k 由直线 CS 的斜率表示。因此,我们在长期内赢得一个更高的增长率(这由直线 CP 和 CS 斜率之间的差额来说明),但我们在不久的将来会受损失。

在这种情况下,政府很可能选择一个介于水平 $k_0 = OD$ 和 $k = OQ$ 之间的资本—产出比率,或者最终决定维持 k_0 水平。

3. 现在,我们考察由技术进步引起的劳动生产率增长,我们仅限于技术进步是中性的这种情况;我们发现,就在生产率增长率相当低的时候,这种状况发生了根本的变化。而且,在 n 年内国民收入对消费的比率将按照比例 $(1 + \alpha)^n (1 + p)$ 增长,实际工资保持不变(因为我们假定中性技术进步下,生产率增长率 α 并不依存于资本—产出比率)④。因此,我们现在有:

$$\frac{\dfrac{1}{1 - \pi'_n}}{\dfrac{1}{1 - i_0}} = (1 + \alpha)^n (1 + p)$$

或者:

$$1 - \pi'_n = \frac{1 - i_0}{1 + p} \cdot \frac{1}{(1 + \alpha)^n}$$

从而:

$$\pi'_n = 1 - \frac{1 - i_0}{1 + p} \cdot \frac{1}{(1 + \alpha)^n} \tag{10.2}$$

如果我们不使资本—产出比率提高到超过 k_0 的水平,那么,$p=0$ 和从式 (10.2)得到的 n 年以后的增长率,就来自生产率的提高,它唯一归因于技术进步,而实际工资保持不变:

$$\pi_n = 1 - (1-i_0)\frac{1}{(1+\alpha)^n}$$

现在,我们图示 $\dfrac{1-i_0}{1+p} \cdot \dfrac{1}{(1+\alpha)^n}$ 和 k 之间的关系,它类似于图 10.1。我们首先画出曲线:

$$\frac{1-i_0}{1+p}$$

这条曲线和图 10.1 中的 BT 相同。然后,我们用 $(1+\alpha)^n$ 除以它的纵坐标,从而得到曲线 $B'T'$ [这里我们假定 α 取相对低的水平即 2.5%,假定 $n=20$ 年,因此 $(1+\alpha)^n$ 等于 1.65,这个数字用来减缩图形中曲线 BT 的纵坐标]。对于任何给定的 k,比率 π'_n 现在等于曲线 $B'T'$ 和水平线 CN 之间的距离 NM',CN 和 k 有一个单位的距离。对于 $k_0=OD$,相应有:

$$\pi_n = B'E = 1 - (1-i_0)\frac{1}{(1+\alpha)^n}$$

因为在这种情况下 $p=0$。

直线 CM' 将点 C 同曲线 $B'T'$ 上的点 M' 连接起来,它的斜率表示比率 π'_n/k。特别应当注意,直线 CB' 的斜率等于 π_n/k_0。最后,直线 CB 和 CK 的斜率分别表示比率 i_0/k 和 i_0/k(参见图 10.1)。很清楚,在图 10.2 描述的情况下,提高资本—产出比率使之超过 k_0 水平是不足取的。的确,当点 M' 沿着曲线 $B'T'$ 向右移动时,直线 CM' 的斜率递减;这就是说 $\pi'_n/k < \pi_n/k_0$,结果提高资本—产出比率导致了"重置"期末国民收入增长率的下降。显然,这个期初的增长率也是如此(直线 CN 的斜率小于直线 CB 的斜率)。

由此可见,在 $\alpha=0$ 的情况下(如图 10.1 所示),对于一个是初始状态两倍大的资本—产出比率来说,增长率在"重置"期末达到最大值。由于技术进步导致生产率的适度增长($\alpha=2.5\%$/年),资本—产出比率的提高对这个增长率产生不利影响。因此,技术进步,如生产曲线向下移动所反映的那样,大大降低了多布和森方法的实践意义。

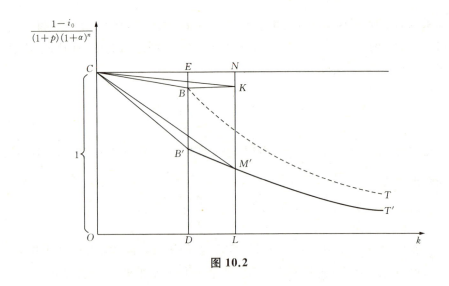

图 10.2

4. 迄今为止,我们假定实际工资在一个很长时期内保持不变,以致消费的增长仅仅来自增加就业。这样一种假定不太现实。在第 4 章考察存在劳动储备的经济增长时,我们假设实际工资只在一个相当短的转换时期内保持不变,这个时期——由于技术进步,劳动生产率按照比率 α 增长——可能产生积累率的一定增加(见第 4 章第 5 节)。转换时期结束,实际工资又开始按照比率 α 提高,伴随着就业比初始状态更快的增长。人们以一种稍有不同的方式进行活动,使得实际工资在长期内按照一个比生产率增长率 α 低的比率增加。结果,到 n 年终了时,国民收入对消费的比率已经提高,比例为 $(1+\alpha-\sigma)^n$,其中 σ 当然小于 α。

很清楚,如果可以沿着这条思路走下去,那么,多布和森方法在某种程度上就重新获得了它的意义。当资本—产出比率从 k_0 提高到 k 时,国民收入相对于消费而增加,比例为 $(1+\alpha-\sigma)^n(1+p)$。式(10.2)现在采取如下形式:

$$\frac{\dfrac{1}{1-\pi'_n}}{\dfrac{1}{1-i_0}}=(1+p)(1+\alpha-\sigma)^n$$

或:

$$\pi'_n=1-\frac{1-i_0}{1+p}\cdot\frac{1}{(1+\alpha-\sigma)^n} \tag{10.3}$$

这个结果与式(10.2)不同,因为在方程右边最后一项的分母中,现在我们有$(1+\alpha-\sigma)^n$而不是$(1+\alpha)^n$。现有情况和上面考察的情况相同,在后一种情况下,假定由技术进步决定的生产率增长率是$\alpha-\sigma$而不是α。由此可知,生产率增长率越低,由于存在劳动储备,提高资本—产出比率获利的可能性越大。

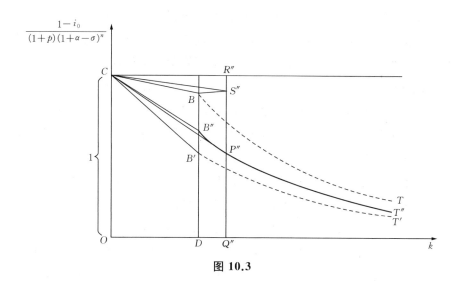

图 10.3

在图 10.3 中,我们绘出曲线:

$$\frac{1-i_0}{(1+p)(1+\alpha-\sigma)^n}$$

连同下列曲线:

$$\frac{1-i_0}{1+p} \text{ 和 } \frac{1-i_0}{(1+p)(1+\alpha)^n}$$

以上两条曲线由图 10.2 复制而来。我们假定 $\sigma=1\%$,由于以前就把 α 固定在 2.5%,所以现在我们有 $\alpha-\sigma=1.5\%$。我们将会发现,恰恰由于 $\alpha-\sigma$ 低到这一程度,多布和森方法几乎没有什么意义。图形显示,最优解(即直线 CP'' 斜率)和 π_n,即直线 CB'' 的斜率并无多大差别。

我们的分析似乎最终产生了这样的结论,经济增长应通过提高资本—产出比率得到加速的理论,在存在劳动储备的情况下,可能没有重要的实践意义;但是,理论阐明了生产技术选择问题的一个新的方面,这一事实大大地扩大了这个问题的讨论范围。

5. 在以上的讨论中,假定劳动储备无限和中性技术进步,对于"重置"设备存量借以提高它的资本集约程度是否可取,我们表示怀疑。但是我们仍要考察,在这样的条件下,降低设备存量的资本集约程度是否可取。在这个讨论中,我们维持多布和森的规定,即在有关过程的任何阶段上实际工资不一定下降。这对于应用较少资本和较多劳动集约的生产方法已经施加了某些限制。但是,在不发达国家中,更基本的问题却是降低资本集约程度的实际可能性问题。的确,应当记住,在任何一个产业部门中,存在某个最低的资本—产出比率,这个比率也许相当高。使用比较原始的技术,也许不可能降低生产的资本集约程度。例如,就化学生产工业而言甚至很难想象采用原始的方法。但即使在这种变式确实存在的地方,它们也并不总是较少资本集约的。看来,譬如手纺车比现代纺织机具有更多的资本集约。另一方面,甚至在不发达国家中,确实存在一些产业,有可能通过选择包含较少投资和较多劳动的方法,降低资本—产出比率,例如棉纺织业、建筑业和运输业。

6. 为了分析 m 降低的影响,我们使用与图 8.1 相近的图形(我们暂且不考虑外贸困难;这些困难将在以后阶段进行讨论)。那样的话,我们用 k_0 表示初始状态下资本—产出比率(有关固定资本和存货)。但是,我们并不讨论提高资本—产出比率,而是假定有可能在某种程度上降低资本—产出比率,因此假定 $k < k_0$。

尤其是,对于 $i_0 = OA$ ——在初始状态下与 $\alpha + \beta$ 相应的生产性积累率——现在相应有增长率 $AE = \alpha + \beta + \gamma$。就业的增加,在 β 界限内,是以劳动力的自然增长为基础的;在 γ 界限内,以吸收劳动储备为基础。但是,$\beta + \gamma$ 并非就业的总扩张率。技术进步决定的生产率初始增长率为 α。显然,当资本—产出比率从 k_0 降低到 k 后,这个比率不可能保持下去,因为新设备与资本—产出比率为 k_0 的现存设备相比,将有较低的资本集约程度,从而也具有相应较低劳动生产率的特征。结果,生产率的年增长率将低于技术进步产生的比率 α。但是,随着时间的推移,情况会发生变化。当设备存量逐渐渗透较少资本集约的技术时(这种技术以较低的生产率为特征),平均生产率的增长率对 α 的偏离会越来越小。

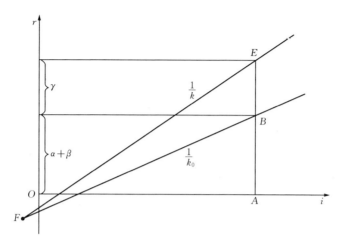

图 10.4

最后,当赋予所有设备以较少资本集约的新技术时,由于所有旧设备已经退役,生产率增长率将回到 α 水平⑤(很清楚,这个过程在某种意义上是同设备存量的"重置"对称的,资本设备重置的目的在于提高它的资本集约程度)。

上面列出的国民收入、生产率和设备的变化可用图 10.5 说明。

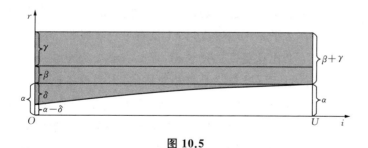

图 10.5

纵坐标为增长率 r,横坐标为时间 t。图 10.5 显示了生产率和就业在"重置"过程中怎样发生变动,"重置"过程以较低的资本集约程度为目的。在"重置"过程开始时,生产率的平均增长率为 α−δ,δ 表示第一批设备的效应,这批设备和旧设备相比,具有较低的资本集约程度和较低的劳动生产率。较低的生产率,除了 β(劳动力的自然增长)和 γ(吸收劳动储备,把国民收入增长率提高到 α+β+γ);由就业扩张率中的 δ 增长来补偿。因此,就

业的总增长率为 $\beta+\delta+\gamma$，其中 $\delta+\gamma$ 取决于吸收劳动储备。随着时间的推移，生产率增长率对 α 的偏离缩小，最终设备被赋予较低的资本集约程度和较低的劳动生产率，这个比率将回到 α 水平。因此，生产率增长率从期初的 $\alpha-\delta$ 提高到期末的 α；相反，就业的增长率从 $\beta+\gamma+\delta$ 下降到 $\beta+\gamma$（阴影部分）。

显然，不提高国民收入中生产性积累的相对份额，从 $\alpha+\beta$ 到 $\alpha+\beta+\gamma$ 的加速增长是可行的，因为劳动供给无限多，使之有可能在考察期初把就业增长率提高 $\delta+\gamma$。正是这揭开了加速国民收入和消费增长之"谜"（国民收入中生产性积累的相对份额保持不变）。应当注意，对于这个有意义的活动存在两个界限：第一，如上所述，资本—产出比率 k 下降有一个有限范围，因为它仅仅在某些产业才是可行的；第二，k 的下降不应推进得太远，以致 δ 高于 α，从而 $\alpha-\delta$ 是负的，因为那意味着劳动生产率绝对下降。但是，这会引起实际工资下降，而实际工资下降则会破坏我们已建立的条件：的确，消费会和国民收入按相同比率 $\alpha+\beta+\gamma$ 增长，就业则按照一个更高的比率 $\delta+\beta+\gamma$ 增长（如果 $\delta<\alpha$，实际工资会提高，但每年提高的比率低于 α）。

7. 如果在 OU 时期中吸收劳动储备已导致劳动力的枯竭，那么考察这个时期末发生的情况还是令人感兴趣的。在这种情况下，增长率在随后的时期中不可能维持在水平 $\alpha+\beta+\gamma$ 上，因为没有进一步吸收劳动储备的可能性。如果需要有一个比这更高的增长率，那么有必要完全改变提高资本—产出比率所描述的过程。这似乎是自相矛盾的，因为设备已被调整到了一个较低的资本集约水平上，现在我们设法返回我们的出发点。但在这期间，多余的劳动已经用完，并且国民收入和消费按照一个高比率增长。由于已经实现了充分就业，我们或者返回到初始的增长率，或者如果需要一个更高的比率，我们必须彻底改变"重置"设备的过程，以便提高它的资本集约程度，因为我们不再享有过去我们曾从中得益的劳动储备的好处。

资本集约程度较高的技术本身并无优劣之分：选择"正确"的资本集约程度取决于可获得的劳动力（如上所说，考虑到技术界限和实际工资维持不变）。

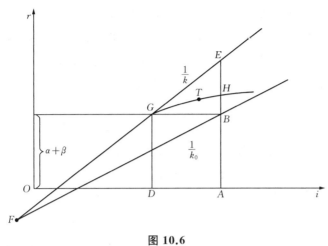

图 10.6

8. 现在,我们把外贸困难考虑进来,仍然用图形表示。

设想资本—产出比率从 k_0 降低到 k 之后,增长率在 $\alpha+\beta$ 水平上保持不变。于是,国民收入中生产性积累的相对份额会降到 OD。如果我们现在不打算把国民收入增长率提高到超过那个水平,那这会使我们陷入外贸困难。结果,i 与 r 之间的关系就如图 10.6 中的曲线 GH,而不是直线 FE(参见图 6.1)。如果曲线 GH 相当平坦(如图 10.6 那样),那么,增长率的得益就将很少。在这样一种情况下,增长率保持在 $\alpha+\beta$ 水平上而不是提高它,也许是明智的,这样就能从国民收入中生产性积累较小的相对份额中获得好处。这样,通过把资本—产出比率从 k_0 降低到 k,就能达到国民收入中消费的较高相对份额,而不改变增长率。这导致了消费水平的即时增加,但并不降低它的未来增长率,使之低于 $\alpha+\beta$。生产率增长率的变化同前面考察的情况相似。就业的增长率,现在从期初的 $\delta+\beta$ 下降到期末的 β(见图 10.7)。

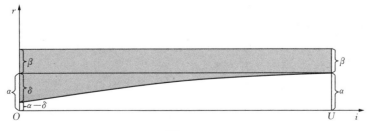

图 10.7

　　这里,劳动储备的作用在于:借助相应较高的就业增长率,有可能补偿生产率增长率的下跌(这个下跌量等于 OU 初期的 $\alpha-\delta$)。这些从吸收劳动储备取得的利益,便是国民收入中消费的较高相对份额,这提高了整个考察时期中的消费水平,而消费的增长率和国民收入增长率在 $\alpha+\beta$ 水平上保持不变。

　　在 OU 期末,吸收劳动储备将会停止,因为生产率增长率将会回到 α 水平。如果到那时劳动储备已经枯竭,那么,同前面考察的情况截然不同,这根本不会影响增长率,因为增长率是唯一建立在由技术进步产生的生产率增长(即比率 α)和劳动力增长(即比率 β)基础之上的。

　　可见,在目前考察的情况中,劳动储备允许生活水平一次性提高,而不是整个 CU 时期出现一个更高的消费增长率(与国民收入增长速度相同)。

　　当然,有可能政府会选择介于上面考虑的两种变式之间的一种中间变式,这种中间变式由曲线 GH 上的 T 点表示。整个 OU 时期,增长率和国民收入中的消费相对份额都会提高,因为 T 的纵坐标高于 $\alpha+\beta$,它的横坐标低于 $i=OA$(这意味着国民收入中生产性积累的相对份额低于、消费的相对份额高于点 B 代表的基本状态)。然而,很清楚,增长率的提高会低于第一种变式,与第二种变式相比,国民收入中消费相对份额的提高不明显。

注　释

① M.多布:《论经济增长与计划》,伦敦,鲁特列奇和凯根·保尔出版社 1960 年版;A.K.森:《技术选择》,牛津,贝西尔·布莱克威尔出版社 1960 年版。

② 事实上,平均生产率增加的比例略高于 $(1+\alpha)^n$,因为加速国民收入增长引起了设备平均"年龄"的缩短。利用平均生产率的这种微弱增长,稍微提高实际工资,我们将避免这种复杂性。

③ 增长率等于 CP 的斜率,同冯·诺伊曼的模型得到的结论相近,因为实际工资给定不变,它是在劳动储备无限的条件下最高的增长率。

④ 或更精确地说,略有提高。参见注释②。

⑤ 正如已经提到的,本章中我们均假定中性技术进步。

11

投资结构

1. 迄今为止,我们把讨论重点放在国民收入中生产性积累(特别是生产性投资)相对份额的变动上。在恒速增长情况下,这个份额保持不变。在加速国民收入增长的情况下,如在"转换"时期,这个份额就上升,增长率逐渐提高,同时实际工资保持不变。最后,当增长率递减时——正如旨在克服劳动短缺的"重置"时期那样——国民收入中生产性积累和生产性投资的相对份额下降。现在,我们讨论由国民收入再分配而产生的投资结构变动问题。更具体地说,这个问题是:生产性投资总量 I 中的哪一部分在不同情况下被分配给投资品部门本身,即分配给那些生产生产性设备的部门。我们用 I_i 表示这部分的投资。首先,很清楚,由于恒速增长,总投资用于投资品部门的相对份额即 $\dfrac{I_i}{I}$ 保持不变。在这样一种情况下,总投资和国民收入都按照同一固定的比率增长;投资品部门和非投资品部门①的资本设备存量彼此之间具有一种固定的关系,由于它们按照相同的比率增长,它们每一部门的投资支出之间的比例也保持不变。

此外,增长率越高,假定参数 m、a 和 u 固定不变,那么国民收入中投资的相对份额 $\dfrac{I}{Y}$ 越高,投资品部门在总投资中所占相对份额$\frac{I_i}{I}$也必须越高。因为如果投资品和非投资品部门都按照一个固定比率扩张,那么,对于一个较高的$\frac{I}{Y}$,投资品部门在总投资中也必须相应有一个较高的比例。

当$\frac{I}{Y}$提高到一个更高的水平时,就像"转换"时期发生的情况那样,$\frac{I_i}{I}$必须相应地上升。但是,在这样一个变动过程中,$\frac{I_i}{I}$必须提得更高,因为在这个时期投资增长率高于国民收入增长率(国民收入中投资的相对份额提高),这表示投资品部门比其他生产部门更快地扩张。

应当注意,上面论证依据的假设是:用来生产投资品的设备在质的方面不同于用来生产其他物品的设备,因而投资的任何增加一定包含了投资品部门的扩张。这个假定显然不十分现实,因为在许多情况下,同样的设备可以用来生产多种最终用途的产品,特别是,国民收入中投资相对份额的变动在某种程度上是通过对外贸易实现的。在本章结尾,我们将重新讨论这个主题,但是,在这期间我们在论证中假定,没有投资品部门生产能力的扩张,投资的增加是不可能的。特别是,我们不考虑对外贸易。

2. 在我们进入更详细讨论总投资 I 中 I_i 的相对份额的主题之前,我们还必须对投资品部门的资本—产出比率作出若干说明,作为同整个经济的相应比率进行比较。

在本书开头我们作出假定,总投资的资本—产出比率 m 并不依赖于投资结构。严格地说,只有当投资品部门的资本—产出比率和非投资品部门的比率相等时,这个假定才能满足。但是,当两个部门的比率之差(包括各个部门的原材料生产)不很大时,它也会近似地得到满足,而且事实也是如此。[②]如下所见,在这样的条件下,甚至投资结构相当大的变动也只能对 m 产生微弱的影响。

整个经济的 m,投资品部门的 m_i 和其他经济部分的 m_0 三者之间的关系如下:

$$\frac{1}{m}I = \frac{1}{m_i}I_i + \frac{1}{m_0}(I - I_i)$$

如上所述，I_i 表示投资品部门的投资。用总投资 I 除以等式两边，我们得到：

$$\frac{1}{m} = \frac{1}{m} \frac{I_i}{I} + \frac{1}{m_0} \frac{I - I_i}{I}$$

让我们假设 $m_i = 3$ 和 $m_0 = 2$；于是，对于：

$$\frac{I_i}{I} = 0.1$$

我们得到 $m = 2.1$，对于：

$$\frac{I_i}{I} = 0.5$$

得到 $m = 2.4$。如果我们假设 m 在 2.25 水平上保持不变，随之而来的论证结果不会受到重大影响。

因此，下面我们假定 m 具有充分的稳定性，以致我们可以忽略由投资结构变动所引起的变化。[3] 但同时我们要考虑投资品部门的资本—产出比率 m_i 和整个经济的总比率 m 之间的差异，这种差异是投资在投资品部门和非投资品部门之间分配的一个重要因素。

3. 现在，我们详细考察 $\frac{I_i}{I}$ 的变化，这种变化是由 $\frac{I}{Y}$ 水平的变动引起的。我们首先重温一下式(2.3)，这个方程式表示国民收入增长率和国民收入中生产性积累相对份额之间的关系：

$$r = \frac{1}{m} \frac{I}{Y} - (a - u)$$

让我们用 r_i 表示生产性投资的增长率。我们可以写出一个和式(2.3)类似的方程，单独表示投资品部门。如果我们把用来生产投资品的所有原材料产品都归入这个部门，那么，这个部门生产的收入等于 I。[4] 这个部门的生产性投资在上面表示为 I_i；为了简单起见，假定这个部门的 a 和 u 与整个经济的 a 和 u 相同，我们可以写出：

$$r_i = \frac{1}{m_i} \frac{I_i}{I} - (a - u) \tag{11.1}$$

现在,我们由式(11.1)减去式(2.3):

$$r_i - r = \frac{1}{m_i} \frac{I_i}{I} - \frac{1}{m} \frac{I}{Y}$$

因此我们得到公式:

$$\frac{I_i}{I} = \frac{m_i}{m} \frac{I}{Y} + m_i(r_i - r) \tag{11.2}$$

我们运用这个公式考察不同情况下 $\frac{I_i}{I}$ 的变动。

在恒速增长情况下,r 和 $\frac{I}{Y}$ 都是不变的。由于后者固定不变,I 按照与 Y 相同的比率(即按照比率 r)增长,这意味 $r_i = r$。 因此,根据式(11.2),在这种情况下,我们有:

$$\frac{I_i}{I} = \frac{m_i}{m} \frac{I}{Y} \tag{11.3}$$

可见,$\frac{I_i}{I}$ 不变,因为 $\frac{I}{Y}$ 是固定的。此外,与国民收入中投资的较大相对份额相应,投资品部门在总投资中有一个相当高的相对份额 $\frac{I_i}{I}$。如果投资品部门的资本—产出比率 m_i 等于整个经济的资本—产出比率 m,我们有:

$$\frac{I_i}{I} = \frac{I}{Y}$$

现在,我们考察加速增长的情况,在这种情况下,r 和 $\frac{I}{Y}$ 都提高。后者的提高表示投资增长快于国民收入增长,即 $r_i > r$。由此并由式(11.2)可得

$$\frac{I_i}{I} > \frac{m_i}{m} \frac{I}{Y} \tag{11.4}$$

因此,总投资中投资品部门的相对份额同一定水平的 I/Y 相应,这里比恒速增长情况下的份额大[通过比较式(11.3)和式(11.4)可以看到这一点]。对于当 $m_i = m$ 时的特殊情况,我们有不等式:

$$\frac{I_i}{I} > \frac{I}{Y}$$

我们假设，在初始状态下经济服从于恒速增长。于是，我们有关系式：

$$\frac{I_{i,0}}{I_0} = \frac{m_i}{m} \frac{I_0}{Y_0} \tag{11.5}$$

这里，Y_0、I_0 和 $I_{i,0}$ 分别表示加速增长起动时的国民收入、生产性投资和投资品部门的投资。这样增长 τ 年一段时期后，进入了一个恒速增长的新时期，但国民收入增长率更高（参见第 4 章第 5 节）。我们写出 Y_τ、I_τ、$I_{i,\tau}$，表示恒速增长新时期开始时的国民收入、生产性投资和投资品部门的投资。而且我们有关系式：

$$\frac{I_{i,\tau}}{I_\tau} = \frac{m_i}{m} \frac{I_\tau}{Y_\tau} \tag{11.6}$$

事实上，$\frac{I_\tau}{Y_\tau}$ 比初始状态下对应的比率高，后者和较高的 τ 相应。正如从式 (11.6) 所见，比例 $\frac{I_{i,\tau}}{I_\tau}$ 也相应较高。但是，在加速时期，$\frac{I_i}{I}$ 和 $\frac{I}{Y}$ 之间的关系会不同，因为在时间 t，从式 (11.2) 可得：

$$\frac{I_{i,t}}{I_t} = \frac{m_i}{m} \cdot \frac{I_t}{Y_t} + m_i(r_{i,t} - r_t)$$

这里 $I_{i,t}$，I_t，Y_t，$r_{i,t}$ 和 r_t 分别为投资品部门的投资、总投资、国民收入、投资增长率和国民收入增长率——所有这些都是在转换时期内时间 t 的变量（$0 < t < \tau$）。

由以上公式减式 (11.5)，因此我们得到：

$$\frac{I_{i,t}}{I_t} - \frac{I_{i,0}}{I_0} = \frac{m_i}{m}\left(\frac{I_t}{Y_t} - \frac{I_0}{Y_0}\right) + m_i(r_{i,t} - r_\tau)$$

结果，从转换时期的开始到时间 t，$\frac{I_i}{I}$ 的上升不仅取决于 $\frac{I}{Y}$ 的相应提高，而且也取决于投资增长率和国民收入增长率之间的差额。$\frac{I_i}{I}$ 的这种增长反映了这样的事实，即投资品部门固定资本的扩张比其他经济部门更快。

当转换时期结束，新的恒速增长时期开始时，$m_i(r_{i,t} - r_\tau)$ 项显然消失了，结果在时间 τ，我们有：

$$\frac{I_{i,\tau}}{I_\tau} - \frac{I_{i,0}}{I_0} = \frac{m_i}{m}\left(\frac{I_\tau}{Y_\tau} - \frac{I_0}{Y_0}\right)$$

这也是从式(11.5)和式(11.6)直接推导出来的。

当增长放慢时——如同旨在克服劳动短缺的"重置"时期那样——情况相反：$\frac{I_i}{I}$ 低于增长放缓时期的 $\frac{m_i}{m}\frac{I}{Y}$。

4. 以式(11.2)为基础，可以说明，投资增长率对国民收入增长率的偏离有一个上限，这决定于投资品部门的生产能力。这个偏差越大，总投资中投资品部门的相对份额即 $\frac{I_i}{I}$ 也必须越大。但是，这个份额不可能超过1，因为在非投资品部门，投资总量不可能成为负数。假定 $\frac{I_i}{I} = 1$，从式(11.2)我们得到关于 $r_i - r$ 达到最大值情况的表达式：

$$1 = \frac{m_i}{m}\frac{I}{Y} + m_i(r_i - r)$$

但是，这个公式并不十分正确。作为一种基本近似式，我们在本章把论证建立在 m 不变的基础上，而 m 和 m_i 是不同的。但是，在目前考察的极端情况下，m 等于 m_i，因为总投资集中于投资品部门。相应地以 m_i 代替 m，可以使我们的公式更加精确；因此我们得到：

$$1 = \frac{I}{Y} + m_i(r_i - r)$$

或者：

$$r_i - r = \frac{1}{m_i}\left(1 - \frac{I}{Y}\right) \tag{11.7}$$

如果我们假定 $m_i = 3$ 和 $\frac{I}{Y} \geqslant 0.2$，$r_i - r$ 最大可能值将小于 $\frac{(1-0.2)}{3}$，或小于 26.5%。[⑤]

可见，当选择一种加速国民收入增长的决策时，必须确定在这个加速过程即在"转换"时期中,不应突破投资增长率和国民收入增长率差额的上限。事实上,在实际工资不变的假定下,情况未必如此,实际工资不变相当于"转换"时期消费和就业同比例上升。在达到 $r_i - r$ 的上限时,所有投资都将集中于投资品部门,非投资品部门的生产将按照比率 $u - a$ 发生变化。因此,为了维持实际工资,u 必须很高。但是,如果这种状况发生,那么,通过放慢加速增长和延长"转换"时期,定会使 $r_i - r$ 缩小。通过使实际工资少量的增长,而不是使之保持稳定,就能实现这个目标(当然,它们的增长必须比技术进步产生的劳动生产率增长慢)。

5. 到目前为止,我们忽略了或者通过改变某些设备的使用方式,或者通过对外贸易提高投资的可能性(例如,这种可能性是:把生产耐用消费品的工厂转向生产机器;或者以削减消费品进口或者以增加这些产品出口为代价,增加机器的进口)。因此,提高国民收入中生产性积累相对份额的唯一途径,是使投资品部门的扩张比总生产能力更快。现在,我们也考虑这种能力利用方面和外贸结构方面变动的可能性。

迄今为止,投资增长率决定于下列公式:

$$r_i = \frac{1}{m_i} \frac{I_i}{I} - (a - u) \tag{11.1}$$

它等价于:

$$\Delta I = \frac{1}{m_i} I_i - aI + uI \tag{11.8}$$

投资增量 ΔI 因此取决于:投资品部门投资 I_i 的生产效应;由于设备的陈旧、磨损和退役,投资品部门生产的收入缩减 aI;改善设备利用而产生的收入增加 uY。⑥

对于疑难问题,这个公式是不够的。假定投资增长比国民收入增长更快,即 $r_i I > rI$。表达式 $r_i I - rI$ 表示投资增量部分,它引起了国民收入中投资相对份额增加。现在,必须考虑资本设备利用方面的变动,或外贸结构方面的变动产生的 $r_i I - rI$ 部分。让我们假设这种变动为 $d(r_i - r)$,d 是一个系数,$d \leqslant 1$。代替式(11.1),现在,我们可以写出:

$$\Delta I = \frac{1}{m_i} I_i - (a - u)I + d(r_i - r)I$$

或者用 I 去除两边：

$$\frac{\Delta I}{I} = r_i = \frac{1}{m_i} \cdot \frac{I_i}{I} - (a-u) + d(r_i - r) \tag{11.9}$$

当 $r_i = r$ 时，式(11.9)右端的追加项消失了；事情本来如此，因为 $r_i = r$ 意味着经济按照一个固定比率扩张，并且说明资本设备利用或者外贸结构的变化，无需投资率的变动。

如果方程：

$$r = \frac{1}{m} \cdot \frac{1}{Y} - (a-u) \tag{11.10}$$

是从式(11.9)引出的，那么我们得到：

$$r_i - r = \frac{1}{m_i} \cdot \frac{I_i}{I} - \frac{1}{m} \cdot \frac{I}{Y} + d(r_i - r)$$

或者：

$$\frac{I_i}{I} = \frac{m_i}{m} \cdot \frac{I}{Y} + m_i(1-d)(r_i - r) \tag{11.11}$$

这个方程相当于式(11.2)，而那个方程与此不同的是，$r_i - r$ 的系数现在从 m_i 降至 $m_i(1-d)$。这表示，与既定差额 $r_i - r$ 相应的投资品部门投资，在总投资 I 中的相对份额现在缩小了，因为投资品部门的较快扩张，不再是加速国民收入增长时用来提高国民收入中投资相对份额的唯一方法。

但是，在恒速增长情况下，当 $r_i = r$ 时，我们有原有的式(11.3)：

$$\frac{I_i}{I} = \frac{m_i}{m} \cdot \frac{I}{Y}$$

因为在这种情况下，提高国民收入中投资的份额是不可能的。

最后，对于在 $I_i = I$ 和 $m = m_i$ 情况下达到的 $r_i - r$ 上限值来说，由式(11.11)我们得到方程：

$$r_i - r = \frac{1}{m_i(1-d)} \left(1 - \frac{I}{Y}\right) \tag{11.12}$$

此外，它又不同于式(11.7)，因为项目 $m_i(1-d)$ 代替了方程右端的分母 m_i。结果，$r_i - r$ 的上限现在比它在前一种场合要高。这个结果产生于下列事实:投资品部门生产能力对 r_i 和 r 之差的有限影响现在减弱;投资比国民收入更快的增长,部分是通过设备利用和外贸结构方面有利于投资方面的变动实现的。

注　释

① 这个部门包括广义的消费品和存货增加。

② 比较而言,初级产品生产一般特征是:它的资本—产出比率比制造业高得多。

③ 一种极端的情况除外,这种极端的情况我们在本章结束时予以考虑。

④ 如上所说,我们暂时忽略对外贸易。

⑤ 如果我们不加修改地使用式(11.2),并假定 $m=2.25$,我们得到 r_i-r 的最大值 24.5%。

⑥ 由于我们不再忽略外贸,可见,为使投资品部门生产的国民收入部分等于投资值 I,我们必须把总生产中用于出口的部分归入这个部门。出口乃用于偿付投资品部门所用原材料的进口和最终投资品(机器等)的进口。

附录 生产曲线和社会主义经济中
投资效率的评估

1. 生产曲线的概念,是建立在各种类型设备寿命相同的假定之上的,因为只有在这种情况下,生产一定国民收入增量的变式,才能充分体现出投资支出和与之相联的劳动支出的特征(第三个特征是设备寿命)。但是,即使认可这个假定,在第 7 章第 2 节中形成的生产曲线方法也还是令人怀疑的(参见第 7 章注释②)。因为中央计划当局显然不可能对能够生产国民收入增量的许多变式进行考虑,以便排除那些绝对差的变式(即与其他变式相比,投资支出较高而劳动支出却不低的变式,反之亦然)。因此,生产曲线在性质上看起来似乎是纯理论的,因为它的各点在实践中不一定能实现(即不能排除人们会选择一个明显无效率变式的可能性)。但我们要说明,如果任何一类商品的投资效率评估以下列标准为基础,那么这个问题就不会发生。这个标准是:

$$\frac{j}{T} + w = \text{最小值}$$

这里 j 是在所有的生产阶段进行的总投资支出,w 是总的经常成本(不包括折旧),T 是所谓的回收期。[①] 的确,我们要证明生产曲线上有一点与一定的 T 相应。应当指出,假定各类设备的寿命相同，下列简单的条件：

$$\frac{j}{T} + w = 最小值$$

是选择变式的一个适当的标准。

我们假定在"联合投资和劳动支出" $\frac{j}{T} + w$ 相等的情况下，对于两种变式，人们选择较少资本集约的那种——即具有较小 j 的变式。

对于某类商品来说，所选生产变式的投资支出和成本，我们用 j_c 和 w_c 表示，j 和 w 表示这类商品任一变式的参数。于是，我们有：

$$\frac{j_c}{T} + w_c \leqslant \frac{j}{T} + w$$

通过把整个经济的这些不等式相加，我们得到：

$$\sum \left(\frac{j_c}{T} + w_c \right) \leqslant \sum \left(\frac{j}{T} + w \right)$$

或者：

$$\frac{1}{T} \sum j_c + \sum w_c \leqslant \frac{1}{T} \sum j + \sum w \tag{A.1}$$

但是，$\sum j_c$ 和 $\sum w_c$ 是运用实际采纳的方法，生产一定国民收入增量需要的总投资支出 J_c 和总成本 W_c，而 $\sum j$ 和 $\sum w$ 是任何一种其他变式的总值 J 和 W。因而我们有：

$$\frac{J_c}{T} + W_c \leqslant \frac{J}{T} + W \tag{A.1$'$}$$

点 J_c 和 W_c 不可能表示一种绝对差的变式，这是一目了然的。确实，如果 J_c 譬如说大于其他某个变式 J'，并且 W_c 不小于 W'，那么我们可以写出：

$$\frac{J'}{T} + W' < \frac{J_c}{T} + W_c$$

这同不等式（A.1$'$）相佐。

现在，让我们用 h 表示非熟练劳动的每小时工资。与总成本 W_c 相应的劳动力，用非熟练劳动表示：

$$L_c = \frac{W_c}{h}$$

从上可见,点 J_c、L_c 位于生产曲线之上,因为生产曲线表示生产一定国民收入增量所有"有效率"的变式(即不是绝对差的变式)。

J_c,L_c 是生产曲线上的一点,它同一定的回收期 T 相应;要注意,T 越大,相应的点 J_c,L_c 越往生产曲线的左边延伸,因为对特种商品来说,较长回收期使较多资本集约和较少劳动集约的变式"受到损失"。然而,对这种非常直观的论证,我们并不满意。但我们要严格证明这个定理,同时要证实生产曲线是凹形的。

2. 首先,让我们图示某一类型商品的生产变式,投资支出 j 作为横坐标,经常成本 w 为纵坐标(图 A.1)。

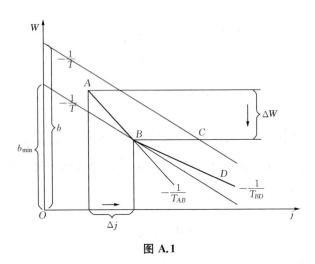

图 A.1

如果回收期为 T,能够证明最好的变式落在斜率为 $-\frac{1}{T}$ 的最低可能的直线上。含此斜率的直线方程为:

$$w = -\frac{j}{T} + b$$

b 是从原点到这条直线与 w 轴交点的距离。因此:

$$\frac{j}{T}+w=b$$

最佳变式的条件是：

$$\frac{j}{T}+w=b_{最小}$$

显而易见，选择的点 j、w 必须是具有最小 b 的直线所经过的点。同样可见，被考虑的点 C 不是位于 T 上，只有 A、B、D 处在由此要选择的较低凹线边界上。现在，我们用 T_{AB} 和 T_{BD} 表示与斜率 AB 和 BD 相应的回收期。如果 $T=T_{AB}$，我们将选择变式 A；确实，对于变式 A 和 B，表达式 $\frac{j}{T}+w$ 的数值相同，按照规则，于是我们选择较少资本集约的变式。如果 $T_{AB}<T<T_{BD}$，我们选择变式 B（图 A.1 中描述了这种情况）。最后，当 $T>T_{BD}$ 时，变式 D 证明为最佳。换言之，如果当回收期 T 延长时，我们超过水平 T_{AB}，那么我们从变式 A 移动到较多资本集约和较少劳动集约的变式 B。如果我们超过 T_{BD}，我们相应地从变式 B 移动到变式 D。

3. 现在，我们考察各种类型的商品，为此我们可以画出类似于图 A.1 的图形。我们从每张图形推导出回收期 T，它同较低凹线边界的线段相应，诸如 T_{AB} 和 T_{BD}。根据线段长度，我们把所有这些回收期进行排列；我们得到一个递增的序列：

$$T_1,\ T_2,\ \cdots,\ T_s,\ T_{s+1},\ \cdots,\ T_{AB}$$

应当注意，T_s 对应于若干种类的商品，T_{s+1} 显然对应于和 T_s 不同种类的商品。

假设已经选择回收期 T_s，它与生产曲线上的点 J_s、L_s 相应，然后我们从 T_s 变化到 T_{s+1}。这样，就 T_s 所对应的各类商品来说，将会超过这个水平的回收期（例如图 A.1 中的 T_{AB}），如前所述，这些商品将会转向较多资本和较少劳动集约的变式（例如变式 A 转向变式 B）。结果，整个经济的投资支出值也从 J_s 提高到更高的水平 J_{s+1}，需要的劳动力从 L_s 降至 L_{s+1}。从而，与 T_{s+1} 对应的生产曲线上的点 J_{s+1}、L_{s+1}，位于和 T_s 对应的点 J_s、L_s 的右下方（见图 A.2）。

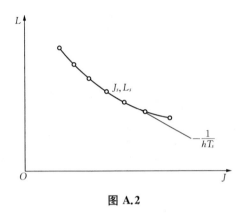

图 A.2

这并不包容一切,因为 T_s 对应于较低边界的一段,这段边界由一簇点组成,它们表示与特种商品有关的若干图形中的各种变式(例如图 A.1 中的 AB)。当 T_s 被突破时,便发生从这段线的左端向右端的移动(例如从 A 移向 B)。因此,经常成本各个增量 Δw 和投资的各个增量 Δj 都具有比率 $-\dfrac{1}{T_s}\left(\text{例如} -\dfrac{1}{T_{AB}}\right)$,即:

$$\Delta w = -\frac{1}{T_s}\Delta j$$

由于这些增量加总构成总投资支出和总成本增量,我们得到:

$$W_{s+1} - W_s = -\frac{1}{T_s}(J_{s+1} - J_s)$$

从而:

$$L_{s+1} - L_s = -\frac{1}{hT_s}(J_{s+1} - J_s) \tag{A.2}$$

显而易见,以后各点 J_s,L_s 和 J_{s+1},L_{s+1} 坐落在生产曲线上,连接这些点的直线具有斜率 $-\dfrac{1}{hT_s}$。换言之,从点 J_s,L_s 引出的线段具有斜率 $-\dfrac{1}{hT_s}$(图 A.2)。结果,回收期 T_s 越长,相应的点 J_s,L_s 越往右延伸(这在上面已被证明),由这一点引出线段的斜率越小。然而,这表示图 A.2 所描述的线是凹形的。

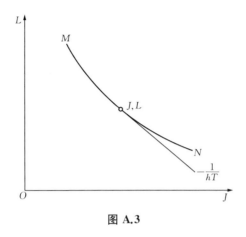

图 A.3

如果点 J_s，T_s 彼此充分接近，那么这条线就近似于生产曲线，并接近该线段的斜率，即这些点的切线斜率。生产曲线在点 J，L 的切线斜率等于$-\dfrac{1}{hT}$，因而，由图 A.3 容易找出和某一点相应的回收期。由于 J 和 T 一起增加，生产曲线是凹形的。

注　释

① 在东欧国家的计划实践中，"回收期"是计委确定的一个参数，体现为向企业和施工组织发布的指令。它被定义为若干年，在这些年内，与所选项目有关的追加投资支出——与能达到同样计划目标的最少投资集约的项目比较——必须用较低的年营业成本"抵偿"。遵循这一规则，相当于使用影子资本费用。在东欧正在进行的经济改革中，通过引进厂商实际支付利息和资本费用，以及直接的贴现方法，这一规则正逐渐被取代。——此注系由 D.M.努蒂所加

第二篇

投资计划和项目选择

12

社会主义经济中投资效率的评估范围

1. 在社会主义中央计划经济中,对投资效率进行评估大体上出于两种动机:(a)对不同的技术变式进行比较,以便实现同样的生产目标;(b)对获取进口所需外汇数量的各种可能性进行比较,或者是借助于出口,或者是由国内生产进口替代品。

人们常说,不仅在西方而且在社会主义国家,效率计算的这种运用方法具有一种非常有限的特征,因为似乎它使经济发展的一般方向听任计划当局的随意决策。这时,我们试图说明,这样的论点产生于一种误解(确实,投资效率的评估还能扩大,以致于包含消费结构的决定,但这个问题比上述两点复杂得多,因为它要求对不同结构的两个消费总量等同性进行定义,见本章第3节)。

2. 我们首先考察一种虚构但有启发的情况。也就是说,我们设想一个封闭经济,在这个经济中没有技术上的可选性,即实现每一个生产目标只能运用一种方法。我们进一步假设,在远景规划中,计划当局决定贯之始终的国民收入增长路线(以不变价格衡量),并且也决定消费和非生产性投资结构,还决定在每年计划中这些量值之间的关系。

显而易见,在这样的条件下,只存在一种平衡的计划变式。投资量和投资结构决定于计划的国民收入增长,消费和非生产性投资结构,以及这两个量值之间的关系亦如此。譬如,假定消费达到的水平高于计划确定的水平。这样,由于消费与非生产性投资之间的关系给定,投资结构和投资量也不得不进行调整,对于一定的国民收入,留作生产性积累和流动资本增量就很少了。如果没有技术选择的可能性和国际贸易活动,由于消费结构和非生产性投资结构已经决定,这些低水平的量值无论如何都不可能实现计划规定的国民收入增加。

就确立的计划而论,不仅投资数量不可能发生变化,而且投资结构也不可能变化,因为作出的假定不允许实现规定的消费结构和投资结构。这就是说,在既无生产技术选择又无外贸变式选择问题的情况下,一旦计划当局决定了国民收入,消费结构和非生产性投资结构的时间路线,投资效率的评估问题就不会产生。

伴随技术选择和各种外贸型式选择的可能性,出现了两个自由度,计划当局对国民收入增长率、消费和非生产性投资结构作出的假设给定,正是在这些自由度的结构范围内,才能进行投资效率的评估。

3. 在实践中,我们恰好面临这样一种情况。应当根据几种假设的国民收入增长路线建立计划,计划当局应当在它们中间进行选择。由于短期和长期消费之间常常发生矛盾,这种选择包含的因素带有政治的色彩。通过建立与增长路线方面假设相应的每一种计划,一种既定的消费和非生产性投资结构被假定多少处于矛盾之中:或者计划末期的消费仿效比较发达的国家,并在中间年份作出修正;或者用不同商品需求的收入弹性作为指导,这些弹性取自家庭预算;最后,或者两种方法同时使用,以便系统阐述对这个问题的观点,然后采取有关它的最后决策。

正如我们在本章第1节中所说,投资效率的计算能够扩展到包括选择"最廉价的"消费结构问题。那么,我们必须引进两个不同消费总量相等的标准。我的论文《最优消费结构》①体现了这方面的一个重要进展。在这篇文章中,我也已经提出了远景规划中选择消费结构的方法。但是我的初步想法既未达到一个通解,也还未进入实际的应用。因而,在与不同增长率相应的计划变式中,我们仍把关于消费(和非生产性投资)结构的决策作为是既定的。

4. 在这样的条件下,我们评估投资效率的范围,如上所述,是选择达到一定生产目标的技术和进出口形式。这样理解的效率评估任务,是为了达到维持劳动力和国际收支均衡所允许的最低投资。换言之,在偿付进口值(和可能的海外贷款)的出口值既定的条件下,投资应当定在达到劳动力充分就业的最低水平上。在劳动力的失业率既定时,低水平的投资意味着计划不切实际。高水平的投资反过来隐含着资源的浪费,这会对消费发生不利的影响。

另一方面,从这个论点,人们不应得出这样的结论:投资计算本身能完全决定外贸型式,或者甚至生产技术。获得最有效率的出口型式可能出现障碍,在供给方面,可归因于限制特定部门增长率的技术组织因素;在需求方面,可归因于海外市场没有足够的吸收能力。当出口的扩张率较低时,出口型式是最有效的。而且,甚至利用某种有效的技术,能够对付长期的瓶颈。例如,油的燃烧比煤的燃烧更有效,但在依赖原油进口的波兰,它增大了上述外贸的困难。

如果我们考虑这一系列问题,那么,必要的投资,大体上高于我们运用投资效率的"纯粹"评估方法可能获得的水平。

5. 有必要进一步阐明上述论点,借以回答一个经常性的问题,即由于制造业资本集约程度较低,是否应发展制造业,而不是发展生产原材料的初级产业。如果我们撇开外贸考虑这个问题,那么它在实际上毫无意义。我们不可能生产机器而不生产铜,因为这要引起机器过剩和铜的短缺。

只有在对外贸易范围内考虑这个问题,才能在投资效率的计算中找到有关它的答案。这种计算事实上能够说明,为什么生产机器供出口以换取铜的进口、而不是在国内生产铜这种方式比较有利。但是,根据本章第4节的考察,甚至这仍然无法预断结果。关键是,为进口铜而扩大机器出口不一定可行,我们不得不廉价销售机器,以致这种方法无效。因而,铜矿的建设,不论其资本集约程度如何,最终的结果将是实现经济发展计划的一种适当的方法。

一般说,所谓"发展方向"问题,只有在把它看作选择外贸型式(和生产技术)问题时才有意义,因为只有这样,它才不致引起计划失衡。假如考虑到海外市场对不同出口商品的吸收能力,考虑到特殊部门生产发展的技术组织障碍,一旦按照这种方式系统地阐述问题,那么,通过计算投资效率就能够解决"发展方向"的问题。

注　释

① 　卡莱斯基:《最优消费结构》,《计划经济》1963 年。

13

投资效率理论中的基本问题

（一）一个简单的模型

1. 假设存在一个既定的封闭的国民经济，它由许多部门组成，这些部门代表最终产品生产的不同阶段。每一个部门在一个长时期$(0，T)$内，都有一既定的发展计划，这些部门均按照固定增长率r发展（所有部门的T都相同）。一般说，不同部门的增长率是不同的。此外，计划为每个部门规定了一个固定的报废系数：在$(t，t+dt)$的时间间隔中，由于旧设备退役，产量P_t减少了$aP_t dt$，这些设备需要的活劳动支出最多①，这里P_t是某一部门在时间t的产量。现有生产性设备在实现现代化前不会发生变动，只有旧设备退役才会引起变化。结果，生产增长了$rP_t dt$，这是因为新的产量$(r+a)P_t dt$来源于投资和旧设备退役，旧设备退役使生产能力缩减了$aP_t dt$。

新生产能力的生产总量$(r+a)P_t$，通过代表不同技术的不同投资变式，即通过投资支出（由固定价格表示）和活劳动支出（由固定工资表示）的不同组合得以实现。当然由于技术进步，从中选择的变式容易发生变化：新变式取代旧变式，后者成为绝对低效率的变式，即那些资本投资较高，而劳动成本却不比其他变式低;反之亦然。

使用原材料方面的技术进步,超出了我们的考虑范围。假定经过一定时期比较的变式在原材料方面支出是不同的。它符合这样的前提,即所有部门的发展都有一个确定的程序,其中某些部门为其他部门生产材料(从原材料消耗的观点来看,这要假定计划是平衡的[②])。

由选择变式产生的资本投资量,一般说,不同于在初始计划中采纳的投资品生产。但我们假定,如果对个别部门的发展计划没有严重干扰,通过充分利用劳动力的增长,可以使投资和消费之间的比例发生必要的变化。

2. 让我们用 i_t 表示产量$(r+a)P_t\mathrm{d}t$ 的投资集约程度,c_t 表示劳动集约程度。在时间 t,各个变式可以表示为 i_t 和 c_t 的不同组合。我们用 x_t 表示用现有设备生产的产量,这些产量具有最高的劳动集约程度;用 $\rho_t P_t\mathrm{d}t$ 表示整个部门劳动成本的增长。于是,我们有:

$$(r+a)P_t\mathrm{d}t \cdot c_t - aP_t\mathrm{d}t \cdot x_t = \rho_t P_t\mathrm{d}t \tag{13.1}$$

或者:

$$rP_t c_t\mathrm{d}t - aP_t(x_t - c_t)\mathrm{d}t = \rho_t P_t\mathrm{d}t \tag{13.1$'$}$$

式(13.1$'$)左边的第一项表示活劳动支出,当它和相应的投资支出一起进行时,活劳动的支出有可能使部门的产量 P_t 增加 $rP_t\mathrm{d}t$;第二项表示由于资本投资 $aP_t i_t$ 替换退役的生产能力而达到的活劳动支出的节约。

每单位产出增量的投资为:

$$i_t(r+a)/r$$

根据式(13.1),整个部门每单位产出增量的劳动成本为:

$$\frac{\rho_t}{r} = c_t\frac{r+a}{r} - x_t\frac{a}{r} \tag{13.1$''$}$$

应当特别提到,只要生产能力退役只影响时间 0 的项目,对于该部门的一定初始状态来说,数量 x_t 决定于产量的增长率 r 和报废系数 a。相反,i_t 和 c_t 在时间 t 从现有变式中挑选出来。但是,当在 0, 1, $\cdots$, T 时期中安装的设备开始退役时,数量 x_t 不完全决定于 r 和 a,因为它还取决于在$(0, T)$时期内已作出的生产技术选择。

让我们用 $I_t\mathrm{d}t$ 表示所有部门的加总 $\sum(r+a)P_t i_t\mathrm{d}t$。因而，$I_t$ 是在间隔为 $(t, t+\mathrm{d}t)$ 的单位时间内整个体系的生产性投资总量。总量 $\sum\rho_t P_t\mathrm{d}t$ 是所有部门对劳动的追加需求，它等于在 $(t, t+\mathrm{d}t)$ 的时间间隔中活劳动支出总量（用固定工资表示）的增长。我们以 W_t 表示单位时间的这个增量。

3. 现在，我们考察在 $(0, T)$ 时期内的瞬间 t 劳动力增加给定时，投资总量 I_t 最小化的问题。假定在分析的第一阶段，数量 x_t 已知。在第二阶段要证明，假定作某些进一步的简化，这个条件并不十分重要。已经证明，由于给所有部门规定了系数 r 和 a，也由于劳动力总增量的动态给定，按照我们提出的方法决定的投资数量，事实上会近似于 $(0, T)$ 时期内在所有时间 t 的最小值。

我们首先假定投资效率指数是每单位产出增量 $rP_t\mathrm{d}t$ 的投资和活劳动支出的一个线性函数：

$$E_t = \varepsilon \cdot i_t \frac{r+a}{r} + \left(c_t\frac{r+a}{r} - x_t\frac{a}{r}\right) \qquad (13.2)$$

这里 ε 是一个正参数，对所有部门来说，ε 都相同。对于一定的 ε，在下列标准的基础上，我们着手选择一种变式 i_t，c_t：

$$E_t = \min \qquad (13.3)$$

如果两种变式的 E_t 相同，那么，我们选择一种 i_t 较低的变式。当 x_t，a 和 r 给定时，这个标准等于：

$$\varepsilon i_t + c_t = \min \qquad (13.4)$$

我们以 i'_t，c'_t 表示最优变式，以 E_t 表示相应的效率指数。于是我们有：

$$E'_t \leqslant E_t \qquad (13.5)$$

把所有部门加总，我们有：

$$\sum E'_t rP_t\mathrm{d}t \leqslant \sum E_t rP_t\mathrm{d}t$$

根据式 $(13.1'')$ 和式 (13.2)，可得出：

$$\varepsilon\sum(r+a)P_t i'_t + E\rho'_t P_t \leqslant \varepsilon\sum(r+a)P_t i_t + \sum\rho_t P_t$$

或者：

$$\varepsilon I'_t + W'_t \leqslant \varepsilon I_t + W_t \tag{13.6}$$

I'_t 和 W'_t 同式(13.3)和式(13.4)基础上每个部门的最优变式相对应。

4. 参数 ε 的变动影响投资变式的选择。如果某部门存在一个与 ε 相应的 E'_t，它等于另一个投资更集约的变式 E_t，ε 的任意少量的减少都会导致对后一种变式的选择。事实上，投资效率的指数那时将是 $E'_t - \Delta\varepsilon i'_t$ 和 $E_t - \Delta\varepsilon i_t$。第二个指数小于第一个，因为：

$$E'_t = E_t \quad 且 \quad i'_t < i_t$$

因此，按照递增次序进行排列的 ε_k 的某些数值，当 ε 微弱降低时，I'_t 和 W'_t 会变样；而 $I'_{t,k}$ 和 $W'_{t,k}$ 则与 ε_k 相对应，与 $E_k - \Delta\varepsilon$ 相对应的已是 $I'_{t,k-1} > I'_{t,k}$ 和 $W'_{t,k-1} < W'_{t,k}$。可见，$I_{t,k}$ 是一递减序列，$W_{t,k}$ 是一递增序列。

由式(13.6)可得：

$$(\varepsilon_k - \Delta\varepsilon) I'_{t,k-1} + W'_{t,k-1} \leqslant (\varepsilon_k - \Delta\varepsilon) I'_{t,k} + W'_{t,k}$$

且：

$$\varepsilon_k I'_{t,k} + W'_{t,k} \leqslant \varepsilon_k I'_{t,k-1} + W'_{t,k-1}$$

把 $I'_{t,k-1} > I'_{t,k}$ 考虑进来，我们得到：

$$\varepsilon_k - \Delta\varepsilon \leqslant \frac{W'_{t,k} - W'_{t,k-1}}{I'_{t,k-1} - I'_{t,k}} \leqslant \varepsilon_k$$

由于 $\Delta\varepsilon$ 是一个任意小的量：

$$\frac{W'_{t,k} - W'_{t,k-1}}{I'_{t,k-1} - I'_{t,k}} = \varepsilon_k \tag{13.7}$$

可见，$I'_{t,k}$，$W'_{t,k}$ 可以由许多点来描述，这些点形成一条递减的凹状多边形路线。线段 $I'_{t,k}$，$W'_{t,k} \to I'_{t,k-1}$，$W'_{t,k-1}$ 的斜率(绝对值)等于 ε_k（见图 13.1）。

5. 多边形路线上一点的纵坐标表示对劳动力的需求 W'_t，后者同资本投资总量 I'_t 相对应，对于给定的 W'_t，I'_t 是最小值。可以假定，多边形路线的各点距离相当接近。另一方面，可以假定劳动供给(用固定工资支出表示)在有限的范围内满足需求。因此，如果假定"新的"劳动供给 S_t，等于多边形路线上点之一 F 的纵坐标距离，那么，我们就不会犯严重的错误（见图 13.2）。

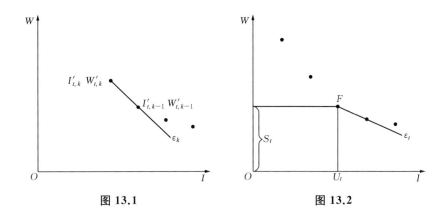

图 13.1   图 13.2

由式(13.6)可见,这个点 $I_{t,F}$ 的横坐标代表分配给每个部门的现有设备生产 x_t 的最低投资水平和最高劳动集约程度,这个最低投资水平,同劳动力 S_t 按照增长率 r 和报废系数 a 增长一致的。我们用 U_t 表示资本投资总量这个水平(见图 13.2)。

多边形路线线段起始于点 F,它的斜率等于参数值 ε_F。这决定各个部门对变式的选择。但是,如果在时间 t 多边形路线被严格决定。那么,就此目的而论,了解 ε_F 并非重要,因为与 ε_F 相应的变式是直接可知的,这些变式是从各个部门即部门的数量构成中挑选出来的:

$$I_{t,F}=U_t \quad 和 \quad W_{t,F}=S_t$$

但是,如果依靠一种近似的多边形路线,譬如一条预先决定的路线,这条路线的下移同劳动生产率的普遍上升相一致,那么,ε_F 对于选择各部门的变式就是至关重要的了。

6. 因此,我们结束了我们第一阶段的分析,在这一阶段分析中,假定在现有固定资本的运行中,劳动的最高单位成本 x_t 是既定的。现在,我们要论证,假定作某种进一步的简化,在整个 $(0,T)$ 时期中,x_t 决定于生产设备的初始状态,决定于各个部门的生产增长率和部门的报废系数。现在,我们假定由于技术进步:(i)在 $(0,T)$ 时期中的最优的变式 c'_t,低于利用时间 0 现有的任何设备进行生产的劳动集约程度;(ii) $(0,T)$ 时期的变式 c'_t 是时间 t 的一个递减函数。此外还假定(iii)表达式:

$$\frac{1}{r} = \frac{\ln(r+a)}{a}$$

对所有部门来说都相同（这是所接受的简化中意义最深远的一个）。由（i）可见，在时间 0，现有设备的退役早于（0，T）时期中的任何项目。在将发生的过程中，不难决定时间 τ。我们有：

$$P_t = P_0 e^{rt}$$

由于在 τ 过程中生产能力 P_0 完全退役，我们得到：

$$P_0 = \int_0^t a P_0 e^{rt} \mathrm{d}t = P_0 \frac{a}{r}(e^{rt} - 1) \tag{13.8}$$

或

$$\frac{r+a}{a} = e^{rt} \; ; \; \tau = \frac{1}{r} \ln \frac{r+a}{a} \tag{13.9}$$

由条件（iii）可见，所有部门的 τ 都相同。

在（0，T）时期中，数量 x_t 被基础资本的初始状态所界定，被一定部门的增长率和它的报废系数 a 所界定。结果，在这个时期内，时间 t 的多边形路线由系数 r 和 a 界定，由那些已知的不同技术变式界定。

（τ，T）时期内的状况比较复杂，因为这里 x_t 也取决于在（0，t）时期对变式的选择。在条件（ii）和条件（iii）的基础上，下面证明，在时间 t，多边形路线决定于设备的初始状态，决定于系数 r 和 a，决定于在（0，t）时期中劳动力增长的动态，决定于时间 t 的技术变式。

由式（13.9）可见：

$$\frac{P_t}{P_{t-r}} = e^{rt} = \frac{r+a}{a}$$

或

$$a P_t = (r+a) P_{t-\tau} \tag{13.10}$$

结果，在（t，$t+\mathrm{d}t$）时间间隔中，其中 $t > r$，退役的生产能力等于在（$t-\tau$，$t-\tau+\mathrm{d}t$）时间间隔中引进的设备能力。但根据条件（ii），实际选择的 c'_t，我们用 c''_t 表示，是 t 的一个递减函数。最后，在时间（τ，T）中，x_t 也是 t 的一个递减函数。由这和由式（13.10）可知，在（t，$t+\mathrm{d}t$）时间间隔中退役的设备，

和$(t-\tau, t-\tau+dt)$时间间隔中安装的设备是相等的,因此:

$$x_t = c''_{t-\tau}; \quad aP_t x_t = (r+a)P_{t-\tau}c''_{t-\tau} \tag{13.11}$$

把$(13.1'')$和式(13.10)考虑进来,我们有:

$$S_{t-\tau} = \sum \rho''_{t-\tau}P_{t-\tau} = \sum(r+a)P_{t-\tau}c''_{t-\tau} - \sum aP_{t-\tau}x_{t-\tau}$$
$$= \sum aP_t x_t - \sum aP_{t-\tau} \cdot x_t \tag{13.12}$$

或者:

$$\sum aP_t x_t = S_{t-\tau} + \sum aP_{t-\tau}x_{t-\tau}$$

因此有:

$$W'_t = \sum \rho'_t P_t = \sum(r+a)P_t c'_t - \sum aP_t x_t$$
$$= \sum(r+a)P_t c'_t - (S_{t-\tau} + \sum aP_{t-\tau}x_{t-\tau})$$

由此公式可知,对于$\tau \leqslant t \leqslant 2\tau$,多边形路线$I'_t$,$W'_t$决定于所有部门的系数$r$和$a$,根据式$(13.4)$,决定于变式的选择,决定于时间$t-\tau$的劳动力$S_{t-\tau}$增加,以及各个部门的数量$x_{t-\tau}$。但是,由于$0 \leqslant t-\tau < \tau$,这些数量决定于生产设备的初始状态,决定于系数$r$和$a$。可见,多边形路线及其点$U_t$,$S_t$在时间$t$完全决定于系数$r$和$a$,决定于这时现有的变式和过去劳动力的总流量。

现在,显而易见,在$(0, T)$时期中的任何时间t,这都是成立的:多边形路线I'_t,W'_t,最后还有U_t,S_t只取决于规定的因素,这些因素也决定了x_t。

因此,下述论点已被证明,即当条件(i)、(ii)和(iii)得到满足时,按照第3,4和5节描述的方法决定的投资量,不仅对于在时间t体系的既定状态,而且同时对于$(0, T)$时期内所有的t来说,都是一个最小值。由这些条件可知,所有部门的寿命τ都是相同的,这些条件通常是满足不了的(特别是(iii))。然而,定理证明指出,在整个计划期$(0, T)$内,是可能达到投资的最低水平的,即使是近似地达到。

7. 在分析用公式系统表达的问题之后,我们必须对确定报废系数进行若干考察。一种选择是把它们维持在时间0现有的水平上;另一种选择是决定引进新的部门系数 a。在后一种情况下，时间 0 的多边形路线 I_0'，W_0' 通常会发生位移，而且总投资的最低值会发生相应的变动。

即使"新"水平不在前水平之下，也不应当以此来说明"改革"一定是理想的，因为在某个 $t>0$ 时，a 的变动会带来一种相反的情况。事实上，这种变动影响用旧设备进行生产的最高劳动集约的动态。和每个部门的报废系数相对应，在 $(0, T)$ 时期内有一条由上述方法获得的近似于最优的投资时间曲线。但是，一般来说，这些曲线相交，以致对于 $(0, T)$ 时期的所有 t 来说不必有一条曲线处于其他曲线之下。每当资本投资量和最终的短期和长期消费量之间发生矛盾时，因而需要中央计划机构的决策。

同报废系数相联系出现了另一个问题。由第 3 节可以推论，在时间 t，投资变式的选择是基于式（13.4），其中 ε（根据第 4 节和第 5 节）决定于多边形路线 I_t'，W_t' 和时间 t 的劳动力增量。很清楚，设备的"耐用性"对于投资变式的选择过程不是一种能产生任何影响的因素。但是不应忘记，"耐用性"是和设备"报废"密切相关的问题，它是由技术进步产生的。因而，它是一个由中央计划机构决定的经济因素，而不是一个技术因素。如果我们对这个问题的分析方法是为某一部门选定一个固定的报废系数，那么，每年退役的生产能力有一个固定比例，它们表现的劳动集约程度最高，不论它是否符合认可的"耐用性"规定。

为了避免误解也应注意，对于维修支出、对于闲置部分和其他贬值相当快的项目支出，不作为和旧设备退役相关的资本投资，而作为与原材料支出相似的流动成本。

8. 迄今为止，我们假定现有基础资本的唯一变动是，在役的陈旧设备退役。推动生产设备的运转有各种各样的要素，现在我们一般考察在降低劳动成本意义上的现代化更新问题，这种现代化更新是因为投资在某种程度上改进了这种设备。

正如第 2 节在分析式（13.1′）时已指出的，替换投资 $aP_t i_t \mathrm{d}t$ 的目标是为了实现节约活劳动 $aP_t(x_t - c_t)\mathrm{d}t$。这些节约量和实现这些节约所需要投资的比例为 $\dfrac{(x_t - c_t)}{i_t}$。

我们假定某一部门生产设备的现代化更新有一个范围，在这个部门中，活劳动的节约和由此引起的投资之间的比例高于 $\dfrac{(x_t-c_t)}{i_t}$[应当注意，$(x_t-c_t)/i_t$ 取决于新投资的变式 i_t，c_t]。

在这样一种情况下，用现代化更新投资代替所有的或部分的"重置"投资是合适的（为降低活劳动成本而进行的投资量和总投资都不受影响）。事实上，我们由此直接节约的活劳动，比设备退役与替换情况下更多，这些设备的单位活劳动支出 x_t 是最多的。此外，我们通过使今后陈旧的设备退役，来改进节约活劳动的能力。

在既定的固定资本使用状态下，对于那些 $\dfrac{(x_t-c_t)}{i_t}$ 较低的变式来说，现代化更新的能力较强。结果，在把现代化更新考虑进来的既定变式中，活劳动支出的增加不再是：

$$\rho_t = rc_t - a(x_t - c_t) \tag{13.1'}$$

而是：

$$\rho_t = rc_t = af_t\left(\frac{x_t - c_t}{i_t}\right) \tag{13.13}$$

f_t 是一个递增函数，而且：

$$f_t\left(\frac{x_t - c_t}{i_t}\right) \geqslant x_t - c_t$$

（当没有机会进行适当的现代化更新时，等式予以省略。）

由式（13.2）类推，现在我们把"效率指数"项目应用于：

$$E_t = i_t \frac{r+a}{r} + c_t - \frac{a}{r} f_t\left(\frac{x_t - c_t}{i_t}\right) \tag{13.14}$$

对于规定的 ε，变式 $\dfrac{i_t}{c_t}$ 的选择是根据标准 E_t＝最小值，如果两个变式的 E_t 相同，我们再选择投资集约最少的变式。和第 3 节中的推论相反，这里，选择取决于 $f_t\left(\dfrac{x_t - c_t}{i_t}\right)$ 数值，它们对于不同的变式是不同的。把所有部门加总起来，我们有：

$$\sum E'_t r P_t \, \mathrm{d}t \leqslant \sum E_t P_t \, \mathrm{d}t$$

这里 E'_t 是一个最优变式。按照和第 3 节相同的方法进行推理,由此我们得到:

$$\varepsilon I'_t + W'_t \leqslant \varepsilon I_t + W_t$$

这里 $I'_0 = \sum i'_t (r + a) P_t$。

如第 3 节那样,但是:

$$W'_t = \sum r c'_t P_t - \sum a f_t \left(\frac{x_t - c_t}{i_t} \right)$$

现在,我们可以绘出在时间 t 的多边形路线 I'_t, W'_t,当它和这个时候的劳动力 S_t 增加相联系时,它就规定了最低的投资 U_t。投资水平会小于或等于唯一通过替换投资实现劳动力节约时的水平。③

(二) 关于原材料支出和外贸作用不同变式的评估

9. 迄今为止,我们假定某一部门投资变式的差别,只在投资集约程度 i(按不变价格计算)和劳动集约程度 c(按不变工资计算)上表现出来。当我们考虑与原材料支出有关的不同变式特征时,我们必须计算投资变式的原材料支出,以及退役项目的原材料支出,对此进行比较。

在与式(13.1)和式(13.2)相应的方程中,无法包括有关全部资本投资和活劳动支出,这些支出在这些方程合并中会反复得到考虑,因为某些部门为其他部门生产原材料。如果要适当地解决这个问题,那么,在一个漫长的时期 $(0, T)$ 内,需要有关计划比较详细的情况。

由于从原材料支出的观点看计划是平衡的,因此,在时间 t,各个部门原材料支出的确定比例在计划中是被接受的。当我们选择一种投资变式时,我们应当考虑这些比例的正离差或负离差(正如我们将看到的,会出现与待退役项目的原材料支出有关的同样问题,这些项目每单位生产量的活劳动和原材料总支出是最高的。这些项目的原材料支出与计划认可的支出不同。在这种情况下,需要反复考虑对计划的偏离)。

现在,我们显然应继续往下讨论。除了由一定部门所代表的生产阶段的资本投资和活劳动支出外,与原材料相应,我们也必须考虑"伴随性"的资本投资和活劳动支出,但是,只有在这种支出对计划接受的比率发生偏离的范围内才给予考察(对于一种其中间产品和原材料支出同计划规定的数量相一致的变式来说,我们就必须考察既定阶段的资本投资和活劳动支出)。

这样一种方法只有在一个封闭经济的情况下才是正确的。如果我们考虑外贸,就会得到不同的结论。可以区分"流动的"材料即那些在外贸中出售的材料,和"非流动的"材料,即那些在这种贸易中非出售的材料,这是由于运输成本高(例如砖块)或其他销售困难(例如电力和机器部件)。关于"非流动的"材料,利用上述方法是恰当的,这种方法考虑到在偏离计划选定的比率范围内相应的"伴随性"资本投资和活劳动支出。就"流动的"材料而论,这种方法通常并不令人满意。

事实上,经济发展计划包含一个多少明确的外贸计划,也就是,我们知道以减少进口为目标的出口结构和生产结构。在这个信息的基础上,我们找到一组出口商品或"进口替代"商品,这组商品满足下列条件:如果从这组商品生产的货币价值中减去"流动的"材料所消耗的流通费用,如果这个货币净值1个货币卢布④的资本投资和劳动分别用 j 和 k 表示,那么,对于一定的 ε,这个商品组类的标准以 $\varepsilon j + k =$ 最小值来表示。

进而,如果一种投资变式在"流动的"材料支出 d 的货币卢布方面比其他变式更加经济,那么节省下来的货币可用来减少出口的增长,或提高上述商品组类进口的增长,并由此保证对于一定 ε"预算支出"的最大节约,也就是节约的比例为 $d(\varepsilon j + k)$(要注意,应当从有关式(13.4)的技术观点选择 j 和 k)。

10. 现在有可能构建与式(13.2)和式(13.4)类似的公式,这些公式考虑到了材料消耗不同的变式的范围和这个领域的技术进步。为了简化,我们在这里撇开"非流动的"材料支出(还有现代化更新)问题。

我们用 δ_t 表示在时间 t 材料直接支出偏离限额的货币值。在那种情况下,单位产出的"预算支出"将是:

$$\varepsilon i_t + c_t + \delta_t(\varepsilon j_t + k_t)$$

对于一定 ε，应当退役的设备是这样一种设备，它的表达式：

$$x_t + \lambda_t(\varepsilon j_t + k_t)$$

达到最大值，这里 x_t 是退役设备生产的劳动集约程度，λ_t 是对这个产量的材料支出定额发生偏离的货币价值，这个定额是计划所接受的。

结果，式(13.2)符合于：

$$E_t = [\varepsilon i_t + c_t + \delta_t(\varepsilon j_t + k_t)] \frac{r+a}{r} \qquad (13.15)$$

$$- [x_t + \lambda_t(\varepsilon j_t + k_t)] \frac{a}{r}$$

或者：

$$E_t = \varepsilon \left[i_t \frac{r+a}{r} + j_t \left(\delta_t \frac{r+a}{r} - \lambda_t \frac{a}{r} \right) \right]$$

$$- \left[(c_t + \delta_t k_t) \frac{r+a}{r} - (x_t + \lambda_t k_t) \frac{a}{r} \right] \qquad (13.16)$$

对所有部门来说，j_t 和 k_t 都相同。如同本章第一部分那样，部门变式将按照标准 E_t ＝最小值进行选择。再者，如果 E_t 对两种以上的变式来说相同，那么，就选择最少资本集约的变式[即式(13.16)中方括弧内第一个表达式为最小的变式]。由于某一部门所有变式的 r，a，f_t 和 k_t 都相同，由于这对于一定 ε 的 λ_t 仍然成立，我们可写出在时间 t 变式选择的标准，其形式为：$\varepsilon(i_t + \varepsilon_t j_t) + (c_t + \delta_t k_t)$ ＝最小值。

如果我们以 n_t 表示计划接受的比率，即单位产量耗用材料的货币价值，

$$n_t + \delta_t = \sigma_t$$

是某一变式的材料总特别支出的货币价值。由于所有变式的 n_t 都相同，所以，对于一定 ε，标准可写为：

$$\varepsilon(i_t + \sigma_t j_t) + (c_t + \sigma_t k_t) = \text{最小值} \qquad (13.17)$$

当两种变式相同时，被选定的是这样一种变式，它的 $j_t + \delta_t j_t$ 较小。

如果我们以 i'_t、c'_t 和 δ'_t 表示最优变式，以 E'_t 表示相应的效率指数，我们有 $E'_t \leqslant E_t$。

把所有部门合在一起，我们得到：

$$\sum E'_t r P_t \delta_t \leqslant E r P_t \delta_t$$

由本章第一部分第 3 节类推,有:

$$\varepsilon I'_t + W'_t \leqslant \varepsilon I_t + W_t$$

这里,资本投资和活劳动支出也考虑到了原材料消耗偏离计划接受的比率而产生的投资与支出。对于一定的 ε,I'_t 和 W'_t 相当于按照式(13.17)选择的变式。

因而,在时间 t 存在一条多边形路线 I'_t,W'_t,它具有和图 13.1 中多边形路线同样的特征。它和劳动力增长结合在一起,决定了与这种增长相容的资本投资的最低水平 U_t。各个部门最有效的变式是同时决定的。

11. 为简化起见,最后一节撇开了"非流动的"材料支出。上面我们已经指明,就这种材料而论,运用计算一定变式的伴随性资本投资和活劳动支出的方法是恰当的,计算的比例同材料支出和初始计划选定的水准这两者之间的偏差相应。现有生产设备的活劳动和原材料最高支出决定如下:对于一定的 ε,在计算活劳动和原材料支出时,除了"流动的"材料外,我们研究与现有设备中"非流动的"材料支出计划偏离所相对应的资本投资和活劳动。尔后,在计算一定生产阶段中活劳动和材料总支出的基础上,我们决定在单位时间内总能力 $a P_t$ 的哪一项应当退役。

但是,消耗"非流动的"材料具有不同的变式,把与这些不同变式相关的要素包括进来,我们不会使式(3.8)和式(3.9)复杂化,但我们要假设投资同考虑中的变式或退役设备的"非流动的"材料支出相联系,在 i_t 里面得到了考虑,假定在 c_t 里面考虑了相应的活劳动支出。因此,多边形路线 I'_t,W'_t 的点表示支出,这种支出考虑到了偏离计划的"非流动的"支出。

对于与式(13.17)相应的公式,可以假定 i_t 和 c_t 体现了同"非流动的"原材料支出相关的总投资和活劳动支出。为了避免标准中 i_t 和 c_t 值之间的混淆,如同式(13.17)和式(13.16)表达的,我们可以按照新的解释,用 i^*_t 和 c^*_t 代替式(13.17)中的这些符号,于是表达式成为:

$$\varepsilon(i^*_t + \sigma_t j_t) + (c^*_t + \sigma_t k_t) = 最小值 \tag{13.18}$$

12. 在本章第一部分的第 6 节中,我们未考虑材料消耗的变式,但证明了:

假定作某些相当重要的简化,经济发展计划(包括报废系数),同基础资本的初始状态和劳动力增长动态相结合,完全规定了时间 t 的多边形路线 I'_t, W'_t。因此,我们也决定了时期 $(0, T)$ 中每一瞬间的变式选择,这种选择使整个时期的资本投资 I_t 最小。由于证明这个定理所依存的条件通常得不到满足,因此,它仅仅指出逼近假设的可能性。

为了能够证明这个定理,在计算材料消耗的不同变式时,必须实行进一步的简化,也就是说,一定部门生产的劳动集约程度 x_t 最高,是退役项目独有的特征(由前两节可知,这个条件通常得不到满足)。但是,与本章第一部分第 6 节中证明定理的三个"特殊"前提相比,这种简化风险小得多——这种简化和节约材料对技术进步相对小的贡献相联系。把原材料的累积性节约考虑进来,并不因此极大地削弱我们定理大致适合于实践用途的可能性。

13. 现在,我们考虑一个完全不同的情况,即在瞬时 t 原有计划中新的生产部门结构改变问题,这是按照上述方式对变式最优选择的结果。我们已经阐明,投资最小化会引起部门结构发生这样的变动:用投资支出的节约,把消费提高到这样的程度,以致劳动力的增长得到充分利用。

当考虑材料消耗变式时,这个问题甚至进一步复杂了,因为这引起了外贸增长结构(出口和进口替代品生产)的同时变更。

关于对外贸易,出口和进口替代方面新的生产结构,只有在上面引出的参数 ε_t 基础上得到"验证"。事实上,选择某一商品组类的技术变式,完全区别于不同商品组类的出口和进口,替代品生产之间的选择,作为这种选择的结果,获得了一个货币卢布。对于在时间 t 的不同组类商品,必须比较 $\varepsilon_t i_t^*$ 的数值。这里,i_t^* 是某一商品组类生产所需要的投资,这一组类商品值一个货币卢布的货币净值(即扣除了"流动的"材料价值后的余额)。在这种资本投资中,当然不考虑用作"流动的"原材料生产的投资。有关活劳动支出对一个货币卢布比值由 c_t^* 表示。

对于用新设备从事出口和进口替代品生产的不同变式来说,比较表达式 $\varepsilon_t i_t^* - c_t^*$ 并不导致对一个或几个商品组类的选择。关键是,"最佳的"出口变式一般只有相当有限的潜在适用性,这同国外市场有限的容量有关。然而,比较这些数值,使我们能够对外贸增长计划作出某些明显的修正。在生产结构的变动中,这作为一个深层的因素而出现。

在时间 t 上,"恰当的"投资水平、原材料"新的"消耗以及"新的"外贸结构,是在所有这些计算结果的基础上决定的。计划设计的最大困难,来自于"恰当的"投资水平。

我们已经指出,例如,投资的节约可以用来增加消费,以致达到这样的程度,即劳动力不断地得到充分利用。然而,一般说,不同的部门生产投资品和消费品是既定的。我们假设在时间 0"恰当的"投资即 U_0,大大低于同时国内市场的最终投资品产出,这形成了一种困难的局面,因为部门结构从投资向消费的即时转移是不可能的。

最合理的方法显然是:生产资本品部门的"过剩"生产(超出了"正常的"外贸额)必须出口,以交换消费品。尽管这种交换不十分有利,但是,不论怎样,消费会增加。消费品的生产潜力会同时迅速扩张,而投资品的潜力则不会扩张。因而这些产品的生产在一个相对短的时期 t' 内会同 U'_t 相对应,它们的"过度"出口将不再需要了。

对于 $t > t'$,U_t 和投资品生产之差是 $\mathrm{d}t$ 的阶,并且可以在短期内加以克服。

这同样适用于整个 $(0, T)$ 时期的原材料消耗和外贸结构,因为这里常常涉及在 $(t, t+\mathrm{d}t)$ 时间间隔中的变式(例如,涉及新工厂煤和油的支出)。

这样,我们得到在时间 t 内一个新的部门增长率计划,所以通过把前述方法运用于计划,我们通常得到这个时间的一个多边形路线。如果它同原来确立的计划差别很小,那么,我们可以认为我们选择(技术和外贸)变式的任务完成了。如果不是这样,逐渐的逼近过程将持续下去。

这一过程可能是收敛的,甚至收敛很快,但这一过程可能不是绝对确定的。这里应提出告诫,防止因缺乏完全不同技术变式的大量例证而出现的收敛(这是一个与投资效率理论的实际应用有关的基本问题,它是一种自身不可能提出新投资变式的理论)。

还应当注意,按照上述方法,我们放弃最初的假设即各个部门恒速发展的假设,尽管它们以不同的比率发展。显而易见,这不会根本改变在时间 t 多边形路线 I'_t、W'_t 的构造;同时,在整个时期 $(0, T)$ 中,最低投资值的获得甚至更加接近。

14. 我们从上面考察中排除了现代化更新问题。让我们回到式(3.8),并且引进记号：

$$
\left.\begin{array}{l}
h_t = i_t + \delta_t j_t \\
b_t = c_t + \delta_t k_t \\
v_t = x_t + \lambda_t (\varepsilon j_t + k_t)
\end{array}\right\} \tag{13.19}
$$

现在，我们把式(13.16)改写为：

$$
E_t = \varepsilon h_t \frac{r+a}{r} + b_t - \frac{a}{r}(b_t - v_t)
$$

如果我们这时像本章第一部分的第 8 节那样论证，把现代化更新的可能性考虑进来，那么我们得到：

$$
E_t = \varepsilon h_t \frac{r+a}{r} + b_t - \frac{a}{r} f_t \left(\frac{v_t - b_t}{h_t} \right)
$$

f_t 是一个递减函数，且：

$$
f_t\left[(v_t - b_t)/h_t\right] \geqslant v_t - b_t
$$

对于既定的 ε，通过标准 $E_t =$ 最小值，我们选择一种变式。现在有可能构造多边形路线 I'_t、W'_t，并且对于一定的劳动力增长，可能得到一个 U_t 值和使时间 t 的总投资为最小的部门变式。

注　释

① "活"劳动＝当前生产直接使用的劳动，它与"凝固"或"贮藏"于资本品中的劳动相对。——D. M. 努蒂注

② 这同上面提出的假设相矛盾。现有假设是：单个部门通常按照一个不同的比率恒速增长。现有假定基本接近于物质平衡的计划。

③ 可能出现的问题是：在进行现代化更新时，怎样决定某一部门的报废系数 a。通过比较新设备的生产 $(r+a)P_t \mathrm{d}t$ 和部门生产的增加 $rP_t \mathrm{d}t$，即按照一种与全面替换陈旧设备相同的方法可以找到这个系数。

④ 按官方汇率，一个货币卢布＝与一卢布等价的外汇数量。——D. M. 努蒂注

附录 制订远景计划的方法要点

1. 虽然本文以波兰制订远景计划的经验为根据,但它并不代表波兰在这个问题上的官方观点。在制订波兰的 20 年计划中,曾经使用了多种方法,这里谈的只是其中的一种。

由于本附录在很大程度上涉及选择适当的国民收入增长率问题,因此必须稍微谈谈社会主义国家通常使用的国民收入这个概念。它不同于资本主义国家通常使用的概念,它不包括劳务项目的生产。诚然,像运输、洗衣服务、餐饮服务,甚至贸易之类的所谓物质劳务是包括在国民收入之内的,但是国民收入却不包括政府、娱乐、教育和医务等在行政管理方面的劳务。还有像住房、旅馆等类的固定资产所提供的劳务,也不包括在国民收入之内。

我认为,为了制订长期规划,本附录叙述的这种方法有可取之处。衡量商品的真正价值比衡量劳务的真正价值要容易些。例如,在资本主义国家的统计中,行政管理方面劳务的实际增加,是用雇用的行政人员的指数(按照基年的薪俸)来衡量的。既然如此,就不考虑也几乎不能考虑劳动生产率的变化了。

由于其他原因,不把房租包括在国民收入中是合适的。假使这样,资本系数就非常高,把一个总的资本系数应用于包括房租在内的国民收入,是没有什么意义的。因为如果那样,总的资本系数就将大大受到住房建设投资在整个投资总额中所占的相对份额的影响。

当然,我们的方法并不意味着在长期规划中对劳务应该忽视。这些劳务是由对人员雇用上的适当规划(例如像在政府行政人员的活动上)或者由对消费型固定资产(例如住处的场地)的能力的规划来表明的。

为了与这里使用的国民收入的概念相一致,我们对生产性投资和非生产性投资加以区分。我们所说的生产性投资,是指用来生产货物和物质劳务的投资,而其他的投资,如建造住房、街道和公园等的投资,则属于非生产性投资。

在我们谈到这个题目的本身以前,还有必要说明,在波兰的国家计划中是假定不增加外债的。在以后的讨论中我们也是这样假定的。这种方法同假定外债数量增长不大没有什么实质上的不同。另一方面,我们的方法同外贸上的差额(不管有多大)用外债来弥补这种假定之间的不同,却具有极大的重要性。因为这种假定会把保持外贸平衡的问题一笔勾销,而我们在下面将会看到,保持外贸平衡在我们制订远景计划的方法中会作为一个十分重要的因素出现。

2. 在长远计划中,可以把国民收入的年平均增长率作为最重要的参数。因此,选择计划的正确方案,实际上等于选择适当的国民收入增长率。在发展国民经济上,政府的自然倾向是尽可能快一些,即把增长率定在尽可能高的水平上。然而,在这里必须考虑一些限制性因素。其中最明显的一个因素是,增长率越高,国民收入中的生产性投资的相对份额就越大。的确,一定水平上的国民收入的增长越高,需要用来达到这种增长(来自对现有过剩能力的利用)的投资额就越大。接着产生的直接结果是,国民收入的增量同国民收入水平之间的比率越高,投资同国民收入之间的比率就越高。可是,国民收入中的生产性投资的较高份额对近期的消费和非生产性投资将会产生不利的影响。这种趋向显然不能向前推进得太远,因为它将引起全体人民的不满,即使从长远的观点看,高增长率的积累效果是有助于提高生活水平的。

然而,在许多情况下,伴随增长率的增长而出现的国民收入中生产性投资相对份额的增加,还会由于另外一个因素而进一步提高。看来随着增长率的提高,在实现贸易平衡上将会出现困难。国家在力求达到贸易平衡时,将被迫为取得外贸上的效果而安排较多的投资,这样,国民收入中的生产性投资的相对份额(我们设想由于贸易情况恶化将加以调整)在此将增加得更多。很可能在增长率达到某个水平时,外贸上的平衡变成了一个完全不可能实现的问题。这样,就出现了一个增长率的绝对极限。

最后,在增长率足够高的时候,也很可能出现劳动力的不足。这可以用充分地增加计划中的资本支出来克服,但这样做又会增加国民收入中投资的相对份额。

总而言之,远景计划中高增长率的障碍是高投资支出,这种高投资支出是为了平衡外贸所直接需要的,是平衡外贸困难的结果,也可能是劳动力不足的结果。事实上,外贸上的困难可能使增长率实际上不可能超过某一水平。

3. 制订远景计划的第一个步骤,是制订计划的粗略大纲,所采用的增长率,根据这个国家过去的经验(如果本国没有这样的经验,则根据情况相似的其他国家的经验)来看是高的。这样我们就慎重地选择了一个高的方案,而这一高的方案在初步检验阶段必然会逐步降低下来。

然后,我们必须对与国民收入和生产性投资增加有关的资本系数提出某种假定。资本系数的数值又一次需要在过去的经验或其他国家经验的基础上加以选择,并尽可能考虑到这个时期本国的特点。无论如何,在这里能够得到的不过是一个大概的近似值,因为资本系数在很大程度上取决于产量增加的结构,而产量增加的结构可能同过去的或其他国家的产量增加的结构大不相同。

不管是好是坏,在采用某个水平的系数之后,我们就取得了远景计划的开始阶段、结束阶段和中间阶段的年生产性投资的第一个近似值。我们也以类似的方法来处理关于存货增加的系数问题,这样我们就能够把这个项目确定下来。从国民收入中减去生产性投资和存货的增加额,最后我们就确定了消费和非生产性投资的总额。

为了把这个项目分成两个组成部分,我们必须对最终的实物消费标准同固定资产生产消费性劳务的能力(例如在住房上按人口计算的平均居住空间)进行比较。采取这种方法就可能得到某种合理的结论,虽然这种结论显然在很大程度上是武断的。

即使在这个阶段我们也会发现，国民收入中的生产性投资的相对份额加上存货的增加额是非常大的，以致使计划难以站得住脚，因为这对短期内的消费和非生产性投资损害太大。不过，既然结果在很大程度上要取决于投资系数的水平，而投资系数完全是假设性的，因而即使在这种情况下，把方案再进一步提高一些也可能更加保险。

4. 下一个步骤至少应确定出国民收入中产业结构的大体轮廓。我们已把计划（即初期阶段、结束阶段和中间阶段）中的国民收入分成四大主要组成部分：生产性投资、存货的增加、非生产性投资和消费。如果我们还要对未来的消费结构提出某些合理的假定，而且这种消费结构如果说以较发达国家的消费结构为基础，同时考虑到本国的具体条件，那么我们就可以进而粗略地确定产业结构。必须这样做的理由有二：（1）为了对贸易平衡进行检验；（2）为了取得资本系数的第二个近似值，这个近似值将反映产量增加的结构。

然而，在此必须对两种类型的产业（包括经济活动的所有部门，如农业、运输等）进行意义重大的划分。我们将把这两种范畴叫作供给决定的产业和需求决定的产业。所谓供给决定的产业是指由于技术上和组织上的原因其长期增长率有某种最高限度的活动，因此即使大量增加资本开支也无助于将这种较高的增长率的产量进一步提高。而需求决定的产业则没有这种最高限度，至少国民收入中需要加以考虑的那些增长率没有这种最高限度。因此，从长远的观点看，这类产业的产量能够按照需求增加。

供给决定的产业的增长率的最高限度又取决于技术和组织的因素，而技术和组织因素的性质是非常不同的。有限的自然资源就是最简单和最明显的例子。

适应新技术过程所需的时间是另外一个因素。妨碍引进新技术的最严重的困难可能在农业中会碰到，因为在农业生产的发展中总是存在着某种程度的自发性。甚至农业上使用多少人工肥料最合适，在某种程度上也有赖于对农业技术知识的掌握。

妨碍发展的另一个因素，可能是某些产业（例如煤矿的开采）招雇人力有困难，或者训练熟练技术人员难以取得进展。在建造新工厂方面所必不可少的技术和经理人员的不足，可能具有特别的重要性，而这些技术和经理人员必须是高度合格的和有充分经验的。事实上，这是长期建设对某一具体产业发展所起的不利作用的根本性因素。

如果某一具体产业确定了一定的投资率,建设中的企业数目同建设期的长短之间就有比例关系。如果建设期长,投资率高,那么"建设工地"数目就会多得使现有的完全合格、经验丰富的技术和组织人员难以兼顾。如果不顾这些情况而仍然保持高投资率,建设期就会拖得更长,结果就会使资本冻结,而不是使该产业的发展加快。

5. 现在我们再回到确定国民收入中的产业结构这个主题上来。了解了生产性和非生产性投资量以及存货的增加量,又了解了消费的数量和结构,就能够粗略地估计出国内对国民经济各部门的产品需求量。当然,这涉及对生产技术系数(包括对未来技术进步的预计)的某种了解,也涉及选择技术方案的某种决策(关于后者,在本附录最后将进一步述及)。如果所谈的是一种供给性产业,就能确定其产品要留多少作为出口,或者多少需要进口。在进口的需要中,显然还要包括国内完全不能生产的那些商品。这种决策还必须考虑到可以由国内生产的进口物资的代用品。

这样,整个进口需求量的第一个近似值就可以确定下来。在从整个进口需求量的价值中扣除从供给决定的产业的剩余中提供的出口产品价值之后,就会发现还有多少仍需由需求决定的产业的出口来弥补。所以这些产业的生产必须以这样的方式来确定:首先,它们应该满足国内对它们产品的需求;其次,它们对出口的整个贡献应该弥补上面提到的进口需要的剩余的部分。这样确定的国民经济所有部门的总产量必然同国民收入相等。因为它既直接满足了国民收入的四大主要国内组成部分产生的需求,又满足了弥补进口剩余部分的需求。

论证到此,也许人们会怀疑是否真的存在促使贸易平衡的问题,因为从上面得出的必然结果是,如果生产的总值同国民收入的国内组成部分的价值相等,需要的进口总值是自动地由出口来制约的。然而,这样促使贸易平衡的措施可能并不具有现实的意义。使对国外市场出口的规模同用上述方法制订的出口计划相一致,也许实际上是不可能的。由于有关产品在供给上的压力,这些产品的平均价格可能下降,以致不能得到为购买必需的进口品所需的外汇收入。或者即使有可能达到这一目的,取得的外汇也将需要很高的资本支出,结果将会增加国民收入中投资的相对份额,而国民收入中投资的相对份额,正如前面已经讲过的,由于贸易情况的恶化,我们设想要加以修改。

如果一个国家将其外贸计划的一部分放在长期的协议上,那么也只能把数量有限的可以用于出口的货物放在这些协议中。然而,应该指出,长期协议在使至少一部分外贸计划不受国际经济情况变化的影响方面,比"正常"贸易具有更大的优点。

出口计划必须用行之有效的观点加以检查。如果出口计划证明是不现实的,那么显然增长率必须降低。还应说明,增长率降低而供给决定的产业的发展保持不变,将大大有助于恢复贸易上的平衡。因为这将使对进口的需求相对地减少,而且还可能使可以用于出口的供给决定的产业的剩余急剧增加。

另一方面,如果外贸的出口计划证明是相当现实的,仍然需要弄清楚出口的扩大对资本支出的影响。

6. 最后,在对必需的投资作出估计之前,必须考虑劳动力的供求之间的平衡问题。为此,必须根据人口统计方面的研究对劳动力的供给作出预测。另外,在国民收入的产业结构基础上,要大体上确定对劳动力的需求,并估计到由于技术进步而带来的生产率的增加。应该注意,在估计农业对劳动力的需求时,要把涉及的特殊问题考虑进去。

如果对劳动力的需求和供给的比较得出如下的结论:按照假定的增长率将可能很快出现劳动力的短缺,那么就需要在计划中多搞一些机械化和现代化,当然这样做又会导致更高程度的投资支出。应该指出,在不发达国家里发生这个问题的可能性比在贸易平衡上产生困难的可能性要小一些。

7. 在估计了国民产量的产业结构之后,在弄清楚外贸上的困难及可能出现的劳动力的短缺对资本支出的影响之后,接着我们就可以着手来估计整个的生产性投资。这个估计可能与第一个根据假设的资本系数所作的估计大不相同。可能会出现这种情况:即使按照假定的增长率取得贸易上的平衡有实际可能,但我们得到的国民收入中生产性投资的相对份额却可能证明是无法忍受的。因此我们必须把增长率降低一些,按照上面描述的方法来考虑新的方案。

最后被采用的方案应该明显地具有尽可能高的增长率的特点,但这个增长率必须能满足下述两点,即:(1)存在着外贸平衡的现实可能性;(2)从对消费与非生产性投资短期影响的观点来看,政府当局也认为国民收入中生产性投资的相对份额加上存货的增加额是可以忍受的。

8.前面已经谈到,在确定国民收入中国内组成部分对各单独产业产品需求的过程中,将会碰到从各种不同的技术中进行选择的问题。可以引用根据某条线路交通量的负荷情况在铁路的电气化和柴油化之间进行选择作为例子。为了解决这类问题,需要有一种方法,可以对具有同样最后效果的两种不同技术的效率进行比较。这种方法在波兰和其他社会主义国家里实际上已经应用。

靠出口挣外汇或者靠国内生产进口代用品挣外汇,有各种可能性,这里也存在着类似的问题。为了对从外贸中可以挣得 1 美元的各种不同的办法加以比较,可以采用那种与对最后生产效果相同的各种不同的技术进行比较的相同方法。

还应当补充一点,为了确定出口结构而进行的这些有关效率方面的考虑,其重要性却被两个因素削弱了:第一是存在着供给决定的产业,第二是国外市场的不完善。实际上集中生产最有利的出口品是不可能的,因为发展这些产品的生产可能会受到技术方面或组织方面因素的限制,或者因为要把这些产品大量投入国外市场而不可能使其价格下降。而这些产品的价格下降,将会由于某一特定的世界价格对投资效率的影响而失去效力。这样,那些尽量利用有利可图的出口产品的计划制定者,也必须采用效率不那么高的可供选择的出口办法。

还应该补充说明,为了达到上述目的,对考虑效率的做法应尽可能彻底地加以采用。在波兰和其他社会主义国家,正是这样做的。另一方面,把考虑效率的做法用于各种不同技术的选择或者检验外贸结构以外的其他事情,则是毫无意义的。

确定计划经济中的产量结构,不能不考虑效率。的确,假如某种经济是封闭性的,而且只存在一种达到一定的最后生产效果的方法,那就不宜于考虑效率。因为从以上的论证得出的必然结果是,在国民收入增长率一定、在非生产性投资和消费之间的关系以及消费结构一定的情况下,产业的产量结构将完全取决于生产的技术系数。

图书在版编目(CIP)数据

社会主义经济增长理论导论/(波)米哈尔·卡莱斯
基著;符钢战译.—上海:格致出版社:上海人民出
版社,2019.4
(当代经济学系列丛书/陈昕主编.当代经济学译库)
ISBN 978 - 7 - 5432 - 2977 - 8

Ⅰ.①社… Ⅱ.①米… ②符… Ⅲ.①社会主义经济
-经济增长-研究 Ⅳ.①F043

中国版本图书馆 CIP 数据核字(2019)第 030018 号

责任编辑 唐彬源
装帧设计 王晓阳

社会主义经济增长理论导论
［波］米哈尔·卡莱斯基 著
符钢战 译

出　　版　格致出版社
　　　　　上海三联书店
　　　　　上海人 & 大 版 社
　　　　　(200001　上海福建中路 193 号)
发　　行　上海人民出版社发行中心
印　　刷　苏州望电印刷有限公司
开　　本　710×1000　1/16
印　　张　9.5
插　　页　3
字　　数　138,000
版　　次　2019 年 4 月第 1 版
印　　次　2019 年 4 月第 1 次印刷
ISBN 978 - 7 - 5432 - 2977 - 8/F · 1207
定　　价　45.00 元

当代经济学译库